Jan Krebs

Entwerfen und Wohnen

Jan Krebs

Entwerfen und Wohnen

2., aktualisierte Auflage

BIRKHÄUSER
BASEL

Inhalt

Vorwort

Wohnungsbauten sind in aller Regel die ersten Entwurfsprojekte im Studium. Auch wenn sich angehende Architekten durch ihre individuelle Wohnerfahrung in diesem Aufgabenfeld zunächst leicht zurechtfinden, ist es notwendig, sich von eigenen Vorstellungen zu lösen und sich konzeptionell von Grund auf neu mit dem Thema Wohnen zu beschäftigen. Die Herausforderung beim Entwerfen von Wohnraum liegt darin, nicht von sich selbst und seinen eigenen Bedürfnissen auszugehen, sondern den späteren Bewohner im Blick zu haben, dessen Erfahrungshorizont oder Werteempfinden sich deutlich von dem des Planers unterscheiden kann. So muss Wohnraum eine Qualität erhalten, die es späteren Nutzern erlaubt, sich darin zu entfalten und ihr Leben nach eigenen Vorstellungen gestalten zu können. Dies betrifft nicht nur das allgemeine Wohnumfeld, vielmehr ist die Ausgestaltung einzelner Wohnbereiche und -räume entscheidend für das spätere Wohlbefinden der Bewohner. So ist eine wichtige Aufgabe des Architekten, sich bewusst und intensiv um die räumlichen Qualitäten von Wohnungen zu bemühen.

Die Buchreihe „Basics" erarbeitet schrittweise die wichtigen Grundlagen eines neuen Aufgabenfeldes und versteht sich dabei nicht als umfassende Sammlung von Fachwissen, sondern möchte Studenten leicht verständliche Erklärungen geben und für die wichtigen Fragestellungen und Parameter der Themenbereiche Verständnis schaffen.

So verzichtet der Band *Entwerfen und Wohnen* bewusst auf gebaute Beispiele, die bereits in erschöpfender Anzahl publiziert sind. Auch fehlen zu diesem Zweck idealisierte und polarisierende Vorgaben, wie Wohnraum zu gestalten ist, da Wohnen immer individuell ein Abbild vom Nutzer und gesellschaftlichen oder auch klimatischen Verhältnissen sein wird. Vielmehr erklärt *Entwerfen und Wohnen* grundlegende Konzepte, Zusammenhänge der einzelnen Wohnbereiche und Varianten von Bauformen. Ziel ist es, die Ansätze beim Fügen von Räumen, Wohnbereichen und ganzen Wohneinheiten zu verstehen und mit diesem Wissen eigene Entwurfsarbeiten im Wohnungsbau kompetent und umsichtig entwickeln zu können.

Dieses Buch soll helfen, einen einfachen Zugang zur komplexen Thematik des Entwurfs im Wohnungsbau zu finden, und legt dabei den Schwerpunkt auf grundsätzliche Aspekte des Wohnens. Allgemeine Rahmenbedingungen und exemplarische Entwurfsansätze werden im Kapitel Grundlagen vorgestellt. Das Kapitel Elemente des Wohnens beschreibt die verschiedenen Nutzungen und Funktionen einer Wohnung im Zusammenhang mit generellen und speziellen Anforderungen. Abschließend werden städtebauliche Ansätze und deren Konsequenzen für das Wohnen sowie das Thema der Erschließung im Kapitel Bauformen in den Grundzügen differenziert.

Bert Bielefeld, Herausgeber

Einleitung: Was ist Wohnen?

Mit dem Begriff Wohnen werden viele Anforderungen und Bedürfnisse zusammengefasst. Das Wohnen differenziert unter anderem Bereiche für Schlafen, Kochen, Essen und Hygiene an einem Ort. Wohnen ist in diesem Zusammenhang alltäglich, aber damit keinesfalls nebensächlich. Auch durch das Wohnen definiert sich der Mensch. Der Wohnstandort zeigt Vorlieben oder Zwänge auf, die Wohnung hat in Größe, Form, Belegung und Einrichtung Einfluss auf die Befindlichkeit der Bewohnerschaft. Sie ist gleichzeitig ein Rückzugsraum und ein Ort der Kommunikation, hier können introvertierte und extrovertierte Situationen entstehen. Oft finden parallel grundsätzlich verschiedene Abläufe statt, und nicht immer ist es möglich, die verschiedenen Interessen und Funktionen kompromisslos zu verbinden.

Wohnen steht auch im Zusammenhang mit einer stetig voranschreitenden persönlichen Veränderung. Besonders deutlich wird das an der Entwicklung, die ein Mensch in unserer Gesellschaft durchläuft: Kindheit – Jugend – Zeit der Ausbildung – Zeit der Erwerbstätigkeit und Familienbildung – Rentenalter – Lebensabend. Diese Lebensabschnitte bringen in der Regel wechselnde Bedürfnisse und damit Veränderungen des Wohnumfeldes mit sich. Die Wohnung wird, so weit wie möglich, an Veränderungen der Lebenssituation angepasst. Die Möglichkeiten dieser Anpassung sind begrenzt. Häufig ist es einfacher, den Standort zu wechseln, als die aktuelle Wohnung während der Benutzung um-, an- oder auszubauen. Es gibt Wohnungen für alle Lebenslagen und in allen Preisklassen, doch selten gestaltet sich die Wohnungssuche einfach. Wir haben feste Vorstellungen von den Voraussetzungen einer Wohnung, und lediglich finanzielle oder zeitliche Aspekte bewegen uns zu Zugeständnissen.

Die Planung einer Wohneinheit sollte nicht nur die notwendigen Funktionen und daraus resultierende Baukosten berücksichtigen, sondern den grundsätzlichen Anspruch haben, hohe Wohnqualität zu schaffen. Dabei sind die Bedürfnisse des Bewohners eine wichtige Grundlage für den Entwurf. Wird individuell geplant, ist der zukünftige Bewohner bekannt, seine Vorstellungen können direkt berücksichtigt werden, und die Wohneinheit wird maßgeschneidert. Ohne einen konkreten Nutzer, beispielsweise im Mietwohnungsbau oder bei Bauträgermaßnahmen, muss der Planer von generellen Anforderungen einer fiktiven Zielgruppe ausgehen: Hier werden meist möglichst flexible Standardgrundrisse für wechselnde Nutzer entworfen, die einerseits genug Raum für Individualität lassen, andererseits aber auch möglichst langfristig dem Wohnungsmarkt und der Nachfrage gerecht werden.

Weltweit gab und gibt es sehr verschiedene Wohnformen. Regionale Entwicklungen hängen von unterschiedlichen klimatischen Voraussetzungen, lokalen Gegebenheiten wie Topografie und Materialressourcen und nicht zuletzt von kulturellen Rahmenbedingungen ab. So gelten in Wüstenregionen andere Parameter als in gemäßigten Klimazonen, Großstädte haben andere Anforderungen als dünn besiedelte Gebiete, und so unterscheiden sich die zahlreichen Wohnkulturen der Welt deutlich voneinander. Zwar sind dadurch viele Entwurfskriterien im Wohnungsbau standortspezifisch, aber einige elementare können auch für andere Orte adaptiert werden oder zumindest das Blickfeld des Entwerfers erweitern und Potenzial für Ideen freisetzen. Der Mensch ist dabei der Maßstab für vergangene, gegenwärtige und zukünftige Entwicklungen. Rückblicke auf die Geschichte des Wohnens können in diesem Zusammenhang zahlreiche Anregungen und erprobte Konzepte für aktuelle Planungsaufgaben bieten.

Die derzeitige Situation der Gesellschaft und des Wohnungsbaus ist eine Momentaufnahme, und zukünftige Entwicklungen sind nur schwer vorhersehbar. Der Nutzungszyklus eines Wohngebäudes kann trotzdem viele Jahrzehnte umfassen. Wir bauen also nicht nur für die heutigen Ansprüche, sondern auch für kommende Generationen. Dabei entscheidet weniger die Ästhetik als die substanzielle Qualität der Gebäude, ihre Funktionalität und die Möglichkeit einer variablen Nutzung über ihre Zukunft. Grundlagen für einen zeitgerechten Wohnungsbau sind die Bedürfnisse und Anforderungen der jeweiligen Gesellschaft. Diese Grundlagen sollten immer wieder überprüft werden, um Wohnqualität zu schaffen, die möglichst lange Bestand hat.

Die eingangs gestellte Frage „Was ist Wohnen" kann nicht pauschal beantwortet werden, da jeder Mensch neben generellen Bedürfnissen auch individuelle und wechselnde Vorstellungen zum Thema Wohnen hat. Aus diesem Grund seien die interessierten Leser aufgefordert, sich selbst die Frage zu stellen, was Wohnen bedeutet, um eigene Konzepte zu entwickeln und innovative Lösungsansätze zu finden. Die nachfolgenden Kapitel sollen dazu einen Beitrag leisten.

Grundlagen

Der Entwurf im Wohnungsbau gestaltet Lebensabläufe, die durch eine Vielzahl von Faktoren innerhalb und außerhalb der Wohnung beeinflusst werden. Wichtige Bezugsgrößen sind in diesem Zusammenhang die Grundbedürfnisse des Menschen, die spezifische Umgebung der Wohnung und nicht zuletzt prinzipielle Entwurfsansätze. Diese für jede Wohneinheit wesentlichen Rahmenbedingungen werden im Folgenden zusammengefasst.

LEBENSZYKLEN

Viele Anforderungen an eine Wohnung werden vom Lebenszyklus des Menschen beeinflusst, der seine Bedürfnisse und Ansprüche beim Älterwerden verändert. Kann die Struktur einer Wohnung nicht an eine neue Lebenssituation angepasst werden, wird sie unter Umständen untauglich, und der Bewohner muss sich eine adäquate Alternative suchen. Deshalb ist es sinnvoll, schon bei den Vorüberlegungen zu einem Entwurf die verschiedenen Lebensabschnitte des Menschen zu berücksichtigen. Im Idealfall wäre eine Wohnung kind-, alters- und behindertengerecht, aber natürlich sind in der Praxis nicht alle diese Anforderungen gleichzeitig umsetzbar und auch nicht notwendig. Beispielsweise kann aus Kostengründen nicht jedes Gebäude mit mehr als einem Geschoss durch einen Aufzug erschlossen werden. Eine Vielzahl von realistischen Maßnahmen kann jedoch sinnvoll umgesetzt oder zumindest vorbereitet werden: So können z. B. Bedienungsvorrichtungen wie Schalter, Steckdosen sowie Griffe von Türen und Fenstern in einer Höhe eingebaut werden, die auch Rollstuhlfahrer und Kinder erreichen können. Auch können die im Bedarfsfall notwendigen Bewegungsflächen in einer Wohnung vorgesehen werden, die eine Umgestaltung für ältere oder behinderte Menschen zu einem späteren Zeitpunkt erfordern könnte. Gestalterische Maßnahmen wie nicht notwendige Höhendifferenzen in einem Stockwerk oder sehr schmale Türöffnungen sollten im Entwurf überprüft werden, da hier ästhetische Ansätze mit späteren Anpassungen an eine andere Lebenssituation kollidieren können.

Die Barrierefreiheit ist eine besondere Bedingung humanen Wohnens. Durch das barrierefreie Bauen soll allen Menschen die Nutzung eines Ortes bzw. Gebäudes ermöglicht werden, unabhängig von ihrer Konstitution. Die Einschränkung körperlicher Fähigkeiten soll nicht dazu führen, dass Menschen ausgegrenzt werden. Spezielle barrierefreie Wohnungen müssen in diesem Zusammenhang für alle Menschen nutzbar sein und die Bewohner in die Lage versetzen, weitgehend selbstständig wohnen zu können. Davon profitieren besonders Seh- und Gehbehinderte, Menschen mit sonstigen Behinderungen, ältere Menschen und auch

Lebenszyklen des Menschen

Barrierefreiheit

Kinder. Nicht jede Wohnung kann und muss in diesem Sinne barrierefrei sein, aber zumindest können Optionen für eine mögliche Umrüstung vorhanden sein.

Nutzungszyklen des Wohnhauses

Auch das gesamte Gebäude sollte im Zusammenhang von Lebens- bzw. Nutzungszyklen gesehen werden: Die meisten Wohngebäude werden über Zeiträume von mehreren Jahrzehnten genutzt und in bestimmten Abständen instandgesetzt oder umgebaut, um keinen substanziellen Qualitätsverlust zu erleiden oder um an wechselnde Ansprüche angepasst zu werden. Lassen sich diese Nutzungszyklen und daraus resultierende Zeiträume mit den Lebenszyklen der Bewohner abstimmen, ergeben sich schon bei der Planung Ansatzpunkte für Maßnahmen, die während der späteren Nutzung sinnvoll umgesetzt werden können. Auf diese Weise werden nicht nur langfristig betriebswirtschaftliche Faktoren berücksichtigt, sondern auch wechselnde Bedürfnisse der Bewohnerschaft und notwendige Veränderungen eingeplant.

ORIENTIERUNG

Belichtung

Ein wesentliches Qualitätskriterium einer Wohnung ist die natürliche Belichtung. Es ist ein großer Unterschied, ob ein Raum durch große oder kleine Öffnungen belichtet wird und ob das Licht aus Norden, Osten, Süden oder Westen einfällt. Auch das energetische Konzept eines Gebäudes wird durch den Stand der Sonne beeinflusst. Je nach Klimazone und Jahreszeit werden Sonnenenergie und Licht gezielt durch Fenster in die Räume gelenkt oder, um Überhitzung und Blendung zu vermeiden, durch Sonnenschutzmaßnahmen blockiert. Dazu können Baum- und Pflanzenbewuchs, Sonnenschutzinstallationen, Balkone und Dachüberstände eingesetzt werden. Aber auch kleine Fenster oder der vollständige Verzicht auf Fensteröffnungen können unter Umständen sinnvolle Lösungen darstellen; das Gleiche gilt bei gegensätzlichen klimatischen Bedingungen für kalte Regionen, in denen besonders über die Fenster an der Nordseite eines Gebäudes viel Heizenergie verloren geht. Fenster mit

---

O **Hinweis:** Internationale und nationale Normen beinhalten Vorschriften für den Entwurf von barrierefreien Wohnungen:

- ISO/TR 9527 Hochbau: Bedürfnisse von Behinderten in Gebäuden – Leitfaden für den Entwurf

- DIN 18040-2: Barrierefreies Bauen – Planungsgrundlagen, Teil 2: Wohnungen

- DIN-Taschenbuch 199: Barrierefreies Planen und Bauen

- OENORM B 1600: Barrierefreies Bauen; Planungsgrundlagen

- OENORM B 1601: Spezielle Baulichkeiten für behinderte oder alte Menschen – Planungsgrundsätze

modernen Drei- und Vierscheibenverglasungen schützen dabei deutlich besser vor Wärmeverlusten als ältere Fenstertypen.

Lokale Gegebenheiten wie Gebäude, Straßen und Freiräume sowie topografische Besonderheiten und Baumbewuchs beeinflussen den Entwurf einer Wohnung und bestimmen die Orientierung von Nutzungsbereichen innerhalb eines Wohnungsgrundrisses. > siehe Kap. Nutzungsbereiche So können beispielsweise Lärmimmissionen von Verkehrsstraßen oder unerwünschte Einblicke von benachbarten Gebäuden konzeptionell ausgeschlossen werden, indem Nebenräume sensiblere Bereiche abschirmen oder Öffnungen in der Fassade entsprechend minimiert werden. Im Gegensatz dazu bieten besondere Blickbeziehungen und ruhige oder geschützte Außenbereiche die Möglichkeit, die Fassade gezielt zu öffnen und den Außenraum in den Entwurf des Innenraums mit einzubeziehen. Lokale Gegebenheiten

Die Hauptnutzungszeiten und grundsätzliche Belichtungsanforderungen der verschiedenen Nutzungsbereiche einer Wohnung können durch eine gute Orientierung mit dem Verlauf der Sonne abgestimmt werden. > siehe Abb. 1 Auf diese Weise werden durch die Ausrichtung der Wohnung konzeptionell unterschiedlich belichtete Bereiche geschaffen, die den jeweiligen Anforderungen der Nutzungen gerecht werden können. > siehe Kap. Nutzungsbereiche Nutzungszeiten

Eine klare Ost-West- oder Nord-Süd-Ausrichtung eines Gebäudes ist in diesem Zusammenhang günstig, aber auch Zwischenlösungen können bei der sorgfältigen Ausrichtung der Räume zu guten Ergebnissen führen. Himmelsrichtungen ○

Die Nordseite zeichnet sich durch wenig Sonne und gleichmäßiges Licht aus. Hier kann der Planer z. B. den Eingangsbereich oder Vorrats- und Nebenräume anordnen, da sie im Allgemeinen wenige Anforderungen an die Belichtung stellen. Im Osten geht die Sonne auf und sorgt mit einem tiefen Stand für eine Durchsonnung der Bereiche, die besonders vormittags genutzt werden. Küche, Schlafbereiche für Erwachsene und Bäder haben hier beispielsweise eine gute Lage. Die Südseite besitzt den größten Sonnenlichtanteil. Kinder-, Ess- und Wohnbereiche, Terrassen

○ **Hinweis:** Für einen Beobachter auf der Nordhalbkugel der Erde gehen alle Himmelsobjekte im Osten auf, erreichen dann im Süden ihren Höchststand und gehen im Westen unter. Auf der südlichen Erdhalbkugel drehen sich die Bedingungen um: Die Objekte gehen zwar auch im Osten auf und im Westen unter, haben aber im Norden ihren höchsten Stand. Daher gelten die Angaben zur Orientierung lediglich für die nördliche Hemisphäre und müssen auf der südlichen Hemisphäre umgedacht werden.

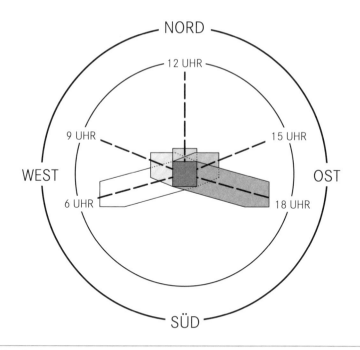

Abb. 1: Der Schattenwurf der Sonne in Abhängigkeit von Tageszeit und Himmelsrichtung
im Monat Juli in Mitteleuropa

und Wintergärten sowie weitere Bereiche, die besonders vom späten Vor-
mittag bis zum Nachmittag genutzt werden, profitieren davon am meisten. Im Westen geht die Sonne unter und kann Bereiche belichten, die
besonders am Nachmittag und am Abend genutzt werden, wie z. B. all-
■ gemeine Wohn- oder Freizeitbereiche.

NUTZUNGSBEREICHE

Die Wohnung ordnet den alltäglichen Abläufen Nutzungsbereiche zu,
die den Grundriss gliedern:

■ **Tipp:** Im Kontext des Klimawandels sollten insbe-
sondere für Süd- und Westorientierungen frühzeitig
wirksame Sonnenschutzmaßnahmen in das Entwurfs-
konzept integriert werden. Diese können beispielsweise
in Form von Rollläden, Raffstores und Screens flexibel,
oder mittels Dachüberständen oder größeren Sonnen-
schutzlamellen auch fest installiert sein

Wohnbereiche bieten besondere Aufenthaltsqualitäten und sind für Wohnbereiche das dauerhafte Verweilen angelegt. Ihre Nutzung wird stark durch die individuellen Bedürfnisse und den Lebensrhythmus der Bewohner geprägt. Dazu zählen Wohn- und Schlafräume sowie vergleichbare individuell nutzbare Bereiche einer Wohnung. > siehe Kap. Elemente des Wohnens

Funktionsbereiche

Funktionsbereiche wie Küche, Bad und gegebenenfalls spezielle Arbeitsbereiche sind in ihrem Gebrauch bereits festgelegt. Sie benötigen eine besondere Infrastruktur wie für Zu- und Abwasser und sind in ihrer Nutzung nur durch aufwendige Eingriffe in die Bausubstanz austauschbar. Erst durch die Funktionsbereiche wird ein Raumgefüge zu einer Wohneinheit und ermöglicht eine weitgehende Unabhängigkeit von außen. > siehe Kap. Elemente des Wohnens

Interne Verkehrsbereiche wie Dielen, Flure und Treppen trennen und Verkehrsbereiche verbinden die unterschiedlichen Nutzungen einer Wohnung. Durch die Anordnung und Gestaltung der Verkehrsflächen wird die Wohnqualität stark beeinflusst, da sie die Raumabfolge einer Wohnung bestimmen und Übergänge hierarchisieren können. Je nach Entwurfsansatz erhalten sie über die Funktion der Erschließung hinaus räumliche Qualitäten und werden temporär oder dauerhaft genutzt. > siehe Kap. Elemente des Wohnens, Verkehrsräume

ZONIERUNG

Die eben beschriebenen Nutzungsbereiche einer Wohnung – die Wohn-, Funktions- und Verkehrsbereiche – sind in einer Nutzungsmatrix voneinander abhängig und miteinander verwoben. Die Wohnung kann in Zonen strukturiert werden, in denen verschiedene Nutzungsbereiche gemeinsam eine Einheit bilden. So lassen sich z. B. intime Bereiche wie Schlafräume und Bad, eventuell verbunden mit einem Vorflur, zu einer solchen Einheit zusammenfassen. > siehe Abb. 2 Auch das räumliche Gefüge von Küche, Ess- und Wohnraum lässt sich zu einer Zone vereinigen, die innerhalb der Wohnung einen allgemeineren Charakter hat. > siehe Abb. 3

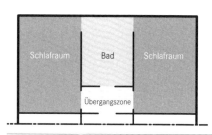

Abb. 2: Der zonierte Schlafbereich fasst intime Bereiche zusammen.

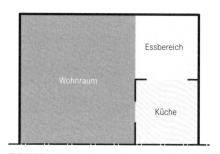

Abb. 3: Allgemeine Nutzungsbereiche wie Küche, Esszimmer und Wohnraum können gemeinsam in einer Zone angeordnet werden.

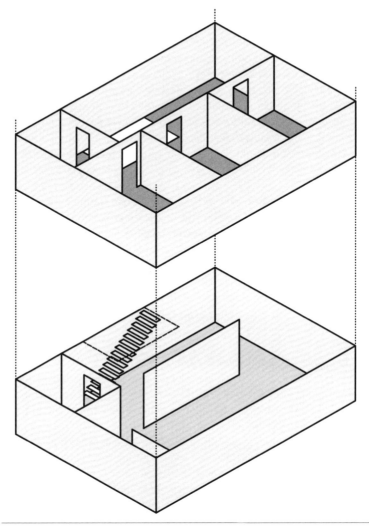

Abb. 4: Ein mehrgeschossiges Wohnkonzept ordnet den Geschossen verschiedene Nutzungsbereiche zu und kann sie durch die Geschossdecke abschirmen.

Mehrgeschossiges
Wohnen

Bei größerem Flächenbedarf und sehr unterschiedlichen Nutzungsbereichen kann die Grundrissgestaltung in einer Ebene schwierig werden, da Zwänge in der Erschließung und der Belichtung auftreten und der Gebäudeumriss oft nicht beliebig gewählt werden kann. Ein mehrgeschossiges Wohnkonzept kann die verschiedenen Nutzungsbereiche in horizontale Ebenen gliedern und so nach den gegebenen Bedürfnissen

Tab. 1: Beispielhafte Kriterien für die Zonierung einer Wohnung

Allgemeiner Bereich	↔	Privater Bereich
Arbeitsbereich	↔	Freizeitbereich
Wohnbereich	↔	Funktionsbereich
Verkehrsbereich	↔	Wohnbereich
Erwachsene	↔	Kinder
Bezug zum Außenraum	↔	Bezug zum Innenraum
Vertikale Bezüge	↔	Horizontale Bezüge
Extrovertiert	↔	Introvertiert
Offen	↔	Geschlossen
Laut	↔	Leise
Hell	↔	Dunkel
Tag	↔	Nacht

trennen. > siehe Abb. 4 Beispielsweise bietet eine Eingangsebene Raum für allgemeinere Nutzungen, weitere Räumlichkeiten mit privater Zweckbestimmung werden in einem anderen Geschoss angeordnet und so räumlich durch die Geschossdecke abgeschirmt. Eine Wohnung kann sowohl in Einfamilienhäusern als auch im Geschosswohnungsbau zwei oder mehr Etagen umfassen, denen die verschiedenen Nutzungsbereiche zugeordnet werden. > siehe Kap. Raumbildung und Kap. Bauformen

Mögliche Kriterien für die Zonierung einer Wohnung können auch Nutzungszeiträume, die Notwendigkeit eines bestimmten Arbeitsbereiches und thematische Bezüge sein, die durch die Bedürfnisse des Bewohners definiert werden. Eine Zuordnung zu den verschiedenen Kategorien kann helfen, die Verwandtschaft oder Gegensätze von Nutzungsanforderungen innerhalb der Wohnung zu ordnen. So werden Eigenschaften wie laut/leise, offen/geschlossen und introvertiert/extrovertiert dazu benutzt, Bezüge zu entwickeln und aufeinander abzustimmen. > siehe Tab. 1

> Kriterien

RAUMBILDUNG

Der architektonische Entwurf gestaltet Flächen und Volumen. Unter Einbeziehung der Nutzungen entstehen zwei- und dreidimensionale Verbindungen, die Sichtbeziehungen, perspektivische Raumeindrücke und Kommunikationsmöglichkeiten erlauben. Die Räume einer Wohnung werden durch Grundrissform und Volumen definiert. Länge, Breite und Höhe können auf eine Vielzahl von individuellen Bedürfnissen und räumlichen Beziehungen abgestimmt werden. Je nach Nutzung kann einem bestimmten Raum eine speziell angepasste Fläche und ein entsprechendes Volumen zugewiesen werden. Im Gegensatz dazu können Räume nutzungsneutral und gleichwertig behandelt werden, sie werden also nicht durch unterschiedliche Größen hierarchisiert. Ein weiterer Entwurfsansatz kann eine zusammenhängende Fläche bzw. ein ganzheitliches Volumen in unterschiedliche Bereiche einteilen. Diese verschiedenen Entwurfsansätze können konsequent in einer ganzen Wohnung

● angewendet werden oder auch unterschiedliche Bereiche kennzeichnen.

Flexibilität beschreibt im Zusammenhang mit dem Wohnungsbau die Möglichkeit, einzelne Räume oder eine ganze Wohneinheit anpassungsfähig auszubilden. Die schon früher erwähnten nutzungsneutralen Raumkonzeptionen und die weiter unten näher beschriebenen offenen Grundrisse bieten in diesem Zusammenhang Ansatzpunkte, um bei Veränderungen und Anpassungen von Wohnungen während der laufenden

○ Benutzung flexibel zu sein.

Werden Räume in Lage, Größe und Zuschnitt weitgehend gleichwertig ausgebildet, sind sie nutzungsneutral. Dieser Ansatz ist sinnvoll, wenn beispielsweise Mietwohnungen im Laufe der Zeit grundsätzlich von verschiedenen Bewohnern genutzt werden sollen, da nicht alle Bedürfnisse zukünftiger Bewohner und Nutzungsentwicklungen vorhersehbar sind. Die Räume sind nicht hierarchisch gegliedert und in der Nutzung austauschbar. > siehe Abb. 5 Dieser Ansatz erklärt z. B. die Beliebtheit von sanierten Wohnungen aus der Gründerzeit in Europa, die sich oft durch nutzungsneutrale Grundrisse auszeichnen. So kann bei Bedarf die wohnungsinterne Lage von Nutzungen weitgehend ohne räumliche Zwänge neu bestimmt werden. Nicht nur Einzelpersonen und Familien profitieren von einer solchen Wohnstruktur. Auch Wohngemeinschaften, die mittlerweile nicht nur von Studenten, sondern auch zunehmend von Berufstätigen und älteren Menschen gebildet werden, schätzen diese Variabilität.

● **Beispiel:** Die Konzeption „Raumplan" des Architekten Adolf Loos behandelt verschiedene Räume streng nach Nutzung, Fläche und Volumen. Im Grundriss wird eine ausgeprägte Eigenständigkeit der Räume deutlich, die aber in der Gesamtkonzeption als zusammengehöriges Raumgefüge wirken; Haus Müller in Prag, 1930.

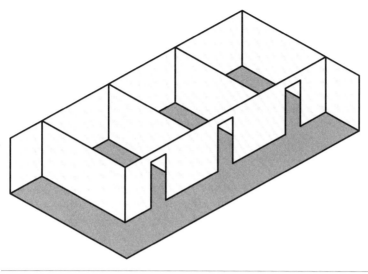

Abb. 5: Beispiel einer nutzungsneutralen Raumbildung

Werden Räume ausschließlich auf die für sie vorgesehene Nutzung ausgerichtet, sind sie zweckbestimmt. So werden die Fläche, der Zuschnitt und die Anbindung an andere Räume unter besonderer Berücksichtigung von nutzungsspezifischen Eigenschaften festgelegt. > siehe Abb. 6 Im Einfamilienhausbau sind die folgenden Festlegungen üblich: Das Wohnzimmer ist in der Regel der größte Raum, gefolgt von Elternschlafzimmer, Kinderzimmer und den Funktionsbereichen mit Küche, Hygiene- und Nebenräumen. Eine neue Zuordnung von Raumnutzungen ist in einem solchen Fall bei wechselnden Wohnvorstellungen nicht einfach, eine neue

Zweckbestimmte Räume

○ **Hinweis:** Flexible, frei einteilbare Grundrisse, die nicht durch statische Zwänge eingeschränkt sind, lassen sich konstruktiv durch eine frei spannende Tragstruktur ausbilden: So können die Lasten der Decken nur über die Außenwände bzw. über Stützen abgetragen und alle inneren Einteilungen durch nichttragende, leicht umzustellende Wände gebildet werden. Die Aufteilung und Abgrenzung von Räumen werden durch den Bewohner frei bestimmt.

Die Erfahrung zeigt aber, dass Wohnungen während der Benutzung nur selten großflächig umgebaut werden, und die Bewohner bei Bedarf lieber die Wohnung wechseln. Auch können solche Konstruktionsansätze je nach Grundfläche der Wohneinheit zu höheren Kosten führen. Bei Reihenhäusern werden oft wirtschaftliche Schottbauweisen gewählt, um die Zwischenräume frei zu nutzen (siehe Kap. Bauformen, Reihenhäuser).

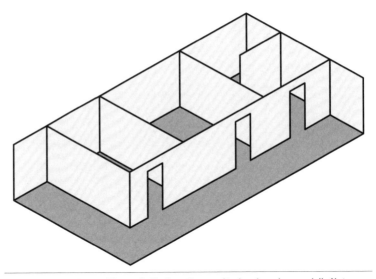

Abb. 6: Zweckbestimmte Räume sind in ihrer Form weitgehend an eine spezielle Nutzung angepasst.

Aufteilung, ohne dass große Kosten entstehen, oft unmöglich. In aller Regel ist das gesamte Konzept eines Einfamilienhauses auf die Bedürfnisse und Wünsche von bestimmten Personen ausgerichtet und eine Änderung der Wohnungsstruktur auch langfristig nicht beabsichtigt.

Offene Grundrisse sind Raumkonzeptionen, die verschiedene Nutzungsbereiche einer Wohnung in fließenden Übergängen zusammenfassen. Mit diesem Entwurfsansatz werden großzügige zusammenhängende Raumvolumen geschaffen, die nicht durch kleinteilige Erschließungsstrukturen und Zwischenwände getrennt sind. Besonders kleinere Wohnungen und Apartments profitieren von dieser Konzeption, nicht zuletzt, weil reine Erschließungsflächen weitgehend vermieden werden. > siehe Kap. Alternative Wohnformen Die klar abgegrenzten Räume anderer Wohnformen werden in einem offenen Grundriss durch Zonen ersetzt, die durch Material- und Farbwechsel oder natürliche Belichtung und künstliche Beleuchtung akzentuiert werden können. > siehe Kap. Zonierung Darüber hinaus besteht die Möglichkeit, den offenen Grundriss individuell durch temporäre bzw. (halb-)geschlossene Raumteiler in Form von offenen Regalsystemen, (transparenten) Schiebetüren und Paravents zu differenzieren und so wechselnde Raumeindrücke und Sichtbeziehungen zu gewähren.

Lediglich die Funktionsbereiche Bad und WC benötigen ein Mindestmaß an Festlegung und Abgeschlossenheit, wobei besondere Entwurfsansätze auch hier die Grenzen verschwimmen lassen können. Diese Funktionsbereiche können in einem Kern zusammengefasst und z. B. zentral in dem offenen Grundriss positioniert werden. In dieser Anordnung ent-

Offene Grundrisse

20

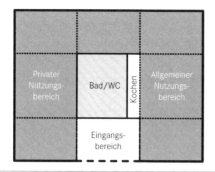

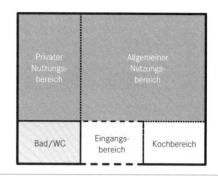

Abb. 7: Systematische Anordnung von Nutzungs-bereichen um einen Funktionskern in einem offenen Grundriss

Abb. 8: Systematische Zusammenfassung und Trennung von Nutzungs- und Funktionsbereichen in einem offenen Grundriss

stehen konstruktiv Raumzonen innerhalb einer größeren Fläche, die unterschiedliche Nutzungsbereiche aufnehmen. > siehe Abb. 7

Außerdem können private und allgemeine Wohnbereiche mit Küche und Essbereich in einem ganzheitlichen Raum kombiniert werden und geben einen übersichtlichen und freizügigen Raumeindruck. Allerdings sollte in einem solchen Fall ein Eingangsbereich als Übergang vom Außen- zum Innenraum geschaffen werden, damit man beim Betreten der Wohnung nicht direkt in einem Wohnbereich steht. > siehe Abb. 8

Durch die freie Einteilung ist der offene Grundriss in der Nutzung sehr flexibel und kann deshalb vielen verschiedenen Ansprüchen und Bedürfnissen gerecht werden. Besonders der immer häufiger anzutreffende Singlehaushalt, aber auch Paare und übergangsweise junge Familien werden durch diese Wohnstruktur angesprochen. Für eine größere Anzahl von Bewohnern mit unterschiedlichen Bedürfnissen ist ein offener Grundriss nur bedingt geeignet, da durch Geräusche und Nutzungsüberlagerungen störende Wirkungen entstehen.

Die Höhe eines Raumes wird subjektiv wahrgenommen und steht im Zusammenhang mit seiner Grundfläche. Je übersichtlicher und größer ein Raum in der Fläche ist, als desto niedriger wird seine Höhe empfunden. > siehe Abb. 9

Proportionen durch Raumhöhe

Ausgewählte Nutzungsbereiche können, besonders, wenn sie im Wohnkonzept hervorgehoben werden sollen, durch eine größere Raumhöhe aufgewertet werden. So besteht die Möglichkeit, individuell wichtige Wohnbereiche, z. B. Wohnraum oder Essbereich, durch besondere

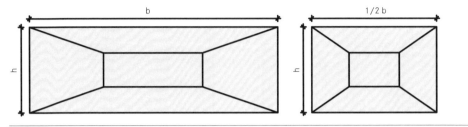

Abb. 9: Je größer die Fläche eines Raumes ist, als desto niedriger wird seine Höhe wahrgenommen.

Raumqualitäten zu akzentuieren und andere Bereiche der Wohnung gegebenenfalls zurückhaltender und weniger voluminös zu gestalten. > siehe Abb. 10

Unterschiedliche Ebenen in einem Raumvolumen

Auch können Räume so hoch ausgebildet werden, dass sie sich innerhalb eines Raumvolumens in zwei Ebenen unterteilen lassen. Beispielsweise kann ein Schlafbereich mit einer Schlafempore ausgestattet oder in einem allgemein genutzten Wohnbereich kann eine höher gelegene Rückzugszone geschaffen werden. > siehe Abb. 11

Nicht immer hat der Planer die Entwurfsfreiheit, die Geschosshöhe von Wohnungen nur unter räumlichen Gesichtspunkten zu wählen, denn größere Volumen verursachen zusätzliche Konstruktions- und Unterhaltskosten. Auch die Begrenzung der Gesamthöhe eines Gebäudes z. B. im Geschosswohnungsbau kann die Entwurfsfreiheit in Bezug auf die Raumhöhe in den einzelnen Geschossen einschränken.

Mehrgeschossige Wohnungen

Um besondere und wechselnde Raumeindrücke zu erzielen, können bei mehrgeschossigen Wohneinheiten zwei oder mehr Geschosse nicht nur funktional, sondern auch räumlich kombiniert werden. Die notwendige vertikale Erschließung wird dann durch offene oder abgeschlossene Treppen differenziert und so die horizontale Trennung der Geschosse relativiert oder intensiviert. Nicht nur notwendige Treppenräume bieten hier Verbindungsmöglichkeiten: Lufträume können über ausgewählten Bereichen partiell großzügige Raumvolumen inszenieren. Galerien, die auch durch zusätzliche Treppen mit dem Untergeschoss verbunden werden können, erlauben die direkte Kommunikation zwischen zwei Geschossen. > siehe Abb. 12

Maisonette-Wohnungen

Im Geschosswohnungsbau nennt man die so entstehenden Wohnformen Maisonette-Wohnungen, da von einem kleinen Haus innerhalb

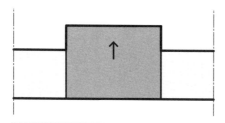

Abb. 10: Besondere Bereiche einer Wohnung werden durch größere Raumhöhen betont.

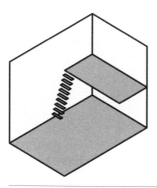

Abb. 11: Eine Empore schafft innerhalb eines Raumvolumens eine zweite Ebene.

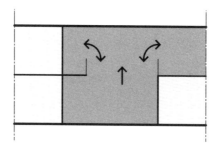

Abb. 12: Lufträume werten besondere Bereiche auf und können die direkte Kommunikation und Sichtbeziehungen zwischen zwei Geschossen herstellen.

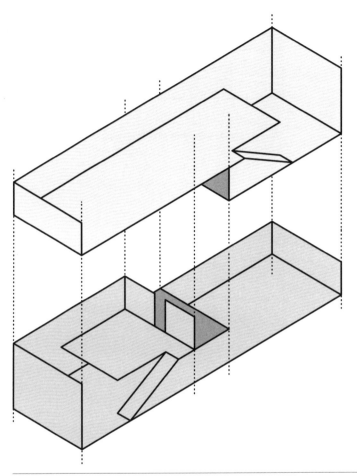

Abb. 13: Maisonette-Wohnungen bestehen aus zwei oder mehreren Etagen.

eines größeren Wohnkomplexes gesprochen werden kann. > siehe Abb. 13
Gerade bei solchen Wohnformen können durch Galerien und Lufträume
besondere Raumqualitäten geschaffen werden.

Split-Level-Wohnungen

  Eine Sonderform der Maisonette-Wohnungen stellen so genannte
Split-Level-Wohnungen dar. > siehe Abb. 14 Das Wohnen spielt sich auf mehreren Ebenen ab, die jeweils nur einen Teil der vorhandenen Gebäudetiefe belegen und durch interne Treppen miteinander verbunden sind.
Durch diese Anordnung lassen sich auch vergleichsweise kleine Wohnungen in mehrere Ebenen zonieren. > siehe Kap. Zonierung Allerdings sind sie
entwurflich schwerer mit den Grundsätzen des barrierefreien Bauens zu
vereinbaren.

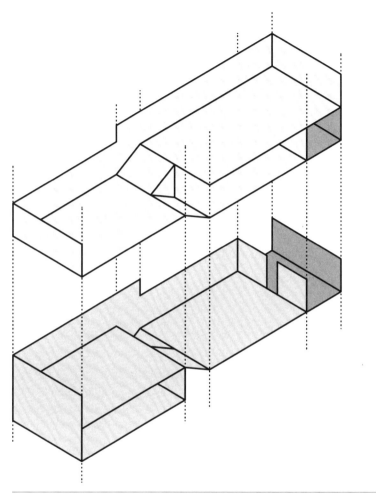

Abb. 14: In Split-Level-Wohnungen sind die Wohnebenen versetzt.

Verknüpfung von
Nutzungsbereichen

Die Übergänge von einem Nutzungsbereich in einen anderen können unterschiedliche Gestaltungsmerkmale aufweisen und setzen dadurch räumliche Akzente. Fließende Übergänge ohne Begrenzungen vermitteln weitgehend unbeschränkte perspektivische Eindrücke und setzen ein zusammenhängendes räumliches Konzept um. Im Gegensatz dazu trennen wandbildende Strukturen die Nutzungen und erlauben eine klare Zuordnung der unterschiedlichen Bereiche. Die verbindenden Öffnungen zwischen den Bereichen beeinflussen die Wirkung des Raumwechsels. Die Breite einer Öffnung ist in diesem Zusammenhang genauso wichtig wie ihre Höhe. Beispielsweise kann anstelle einer relativ niedrigen Türöffnung eine raumhohe Aussparung in einer Wandfläche gebildet werden.

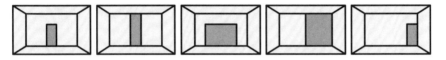

Abb. 15: Unterschiedliche Türöffnungen beeinflussen den Raumwechsel und hierarchisieren Zugänge.

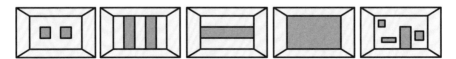

Abb. 16: Fensteröffnungen beeinflussen wesentlich den Bezug zum Außenraum und prägen damit den Wohnraum.

Auch hat eine schmale Öffnung eine gänzlich andere Wirkung als eine großzügige Torausbildung. Die einzelnen Zugänge hierarchisieren die Nutzungsbereiche und drücken Intro- bzw. Extrovertiertheit aus. > siehe Abb. 15 Mit Schiebe- und Anschlagtüren sind Trennungen oder Verbindungen flexibel und temporär zu handhaben.

Wandöffnungen müssen nicht ausschließlich der Erschließung von Nutzungsbereichen dienen. Denkbar sind Perforationen, die auch einfach Sichtbeziehungen zu anderen Räumen bilden oder funktional als Durchreiche genutzt werden. Auch Verkehrsräume dienen nicht nur ihrem einen Zweck, sondern können den Wechsel von Bereichen betonen und einen räumlichen Übergang definieren.

Bezüge zum Außenraum Der Außenraum ist in diesem Zusammenhang eine wichtige Bezugsgröße für das räumliche Gesamtkonzept. Fensteröffnungen stellen Sichtbeziehungen zu besonderen lokalen Gegebenheiten her und prägen darüber den Innenraum. > siehe Abb. 16 Unterschiedliche Höhenniveaus der Geschosses verändern dabei die Perspektive des Betrachters. Eine Wohnung im Erdgeschoss kann zwar den Vorteil einer ebenerdigen Erschließung und/oder einen Gartenbezug haben, aber auch unerwünschte Einblicke von außen mit sich bringen. Gegebenenfalls sollten Maßnahmen umgesetzt werden, welche die Privatsphäre gewährleisten (z. B. mittels vorausschauender Grundrissplanung oder auch Sichtschutzinstallationen). Je höher das Bodenniveau einer Wohnung ist, desto weiter kann der Blick schweifen, und desto mehr ist meist auch der Wohnraum vor unerwünschten Einblicken geschützt.

Austritte, Balkone und Terrassen verbinden Außen- und Innenbereiche miteinander; außenliegende Flächen können Teil des Wohnraums werden. Dabei intensivieren raumbildende Strukturen in Form von herausgezogenen Wandscheiben und Pergolen sowie die Verwendung von einheitlichen Materialien den Bezug. ■

■ **Tipp:** Ist der Bereich vor einer ebenerdigen Wohnung stark frequentiert, kann schon eine Sockelausbildung mit einem Niveauunterschied von einigen Dezimetern, kombiniert mit einer entsprechenden Fensterbrüstung, unerwünschte Einblicke reduzieren.

Elemente des Wohnens

Zentrale Bausteine für den Entwurf im Wohnungsbau sind die schon angesprochenen Wohn- und Funktions- und Verkehrsbereiche. > siehe Kap. Nutzungsbereiche Diese Bereiche lassen sich in Abhängigkeit von individuellen Bedürfnissen und allgemeinen Anforderungen in die verschiedenen Elemente des Wohnens differenzieren:

SCHLAFEN

Schlafen gehört zu den Grundbedürfnissen des Menschen. Nicht zuletzt hat die Qualität der Umgebung Auswirkungen auf den Schlaf. Diese spezielle Umgebung muss sehr unterschiedlichen Ansprüchen gerecht werden und kann durch verschiedene konzeptionelle Ansätze geprägt werden. Der Schlafbereich dient in erster Linie den individuellen Phasen der Ruhe und der Erholung und kann unter ausschließlicher Berücksichtigung dieser Hauptkriterien definiert werden. Das bedeutet für den Schlafbereich, dass er monofunktional genutzt und von anderen Nutzungsbereichen eindeutig abgegrenzt wird.

Nutzungen und Funktionen

Es besteht aber auch die Möglichkeit, über die Hauptnutzung hinaus Potenzial auszuschöpfen und innerhalb des Schlafbereiches zusätzliche Nutzungen anzuordnen. Er wird dann in Abhängigkeit von den Tageszeiten ein allgemeiner Ort für Intimsphäre und private Zweckbestimmungen.

Verschiedene Wegebeziehungen ergeben sich durch das Zuschalten anderer notwendiger Nutzungsbereiche. > siehe Abb. 17 Sollte ein Ankleideraum vorgesehen sein, ist ein direkter räumlicher Bezug zum Schlafraum vorteilhaft, da ein Umweg über einen Zwischenflur Privates stört. Begehbare Kleiderschränke können eine vergleichsweise raumsparende und sinnvolle Alternative sein. Eine räumliche Nähe ist auch zum Badezimmer sinnvoll, um lange Wege durch eventuell gemeinschaftlich genutzte Bereiche zu vermeiden. Im Idealfall ist ein direkter Zugang ohne einen Umweg über einen Zwischenflur möglich.

Der Schlafbereich sollte aus Schallschutzgründen von Räumen mit einer gemeinschaftlichen Nutzung abgeschirmt werden. Ist eine horizontale Zonierung über Geschosse nicht möglich, können direkte Zugänge über „laute" Räume durch vorgeschaltete Übergangszonen vermieden werden. > siehe Kap. Zonierung In einem Einpersonenhaushalt gilt diese Empfehlung nicht notwendigerweise, da sich hier die Nutzungen nur nach dem Lebensrhythmus eines Bewohners richten und interne Störungen durch andere Personen im Regelfall nicht zu erwarten sind.

Schlafbereiche lassen sich durch unterschiedliche Gestaltungsansätze auf individuelle Bedürfnisse abstimmen. So kann ein nach innen

Introvertierte Schlafbereiche

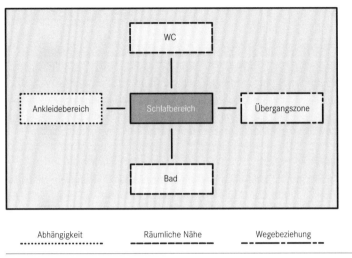

| Abhängigkeit | Räumliche Nähe | Wegebeziehung |

Abb. 17: Systematische Bezüge zum Schlafbereich

und außen nahezu geschlossener Raum, der ausschließlich dem Schlafen dient, die extremste Form eines introvertierten Schlafbereiches repräsentieren. > siehe Abb. 18 links Äußere Einflüsse, die Ruhe und Erholung stören könnten, werden so konzeptionell ausgegrenzt. Zurückhaltende Erschließungsöffnungen können die Funktion des Raumes als abgeschirmten Rückzugsbereich betonen. Durch Variationen der Größe und Proportionen werden großzügige Raumeindrücke geschaffen oder auch asketisch funktionale Aspekte betont, die – als radikales Beispiel – eine Schlafkoje als Vorbild haben.

Schlafbereiche
mit Außenbezug Die Einbeziehung des Außenbereichs kann diese Introvertiertheit relativieren. Ein gut platziertes Fenster oder eine großflächige Verglasung verändert unter Berücksichtigung der Orientierung die Belichtungssituation nachhaltig und kann besondere Raumeindrücke schaffen. > siehe Kap. Orientierung So können Fensteröffnungen der indirekten Belichtung dienen und kaum einen Ausblick gewähren. Besondere Fensterformate rahmen Außenraumsituationen perspektivisch, wenn der Betrachter eine bestimmte Position, z. B. auf dem Bett liegend, einnimmt. Weitergedacht kann in einer entsprechend privaten Umgebung auch die gesamte Außenfassade des Schlafbereichs durch Glaselemente gebildet werden, so dass die Grenze zwischen Außen- und Innenbereich weitgehend aufgelöst wird. > siehe Abb. 18 Mitte links und Mitte rechts

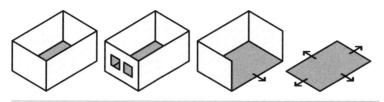

Abb. 18: Die Raumskizzen veranschaulichen unterschiedliche Konzepte für den Entwurf eines Schlafbereichs.

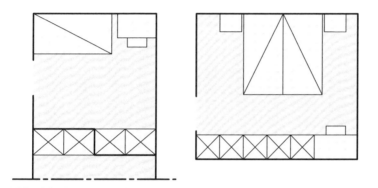

Abb. 19: Die Beschränkung auf Mindestflächen kann die Entwurfsfreiheit und die Raumqualität begrenzen.

Je nach Bezug und Bedarf zu anderen Funktions- und Nutzungsberei- Schlafbereiche mit integrativen Nutzungen chen kann der Schlafbereich auch offener gestaltet werden. So können z. B. individuelle Flächen für Arbeits- oder Freizeitbereiche aufgrund der unterschiedlichen Nutzungszeiten mit dem Schlafbereich kombiniert werden. > siehe Abb. 18 Mitte rechts

In seiner extrovertiertesten Form kann der Schlafbereich in einem offenen Grundriss und einem ganzheitlichen Raumvolumen aufgehen und wird innerhalb der Wohnung nur wenig von den anderen Funktionen und Nutzungen differenziert. > siehe Abb. 18 rechts und Kap. Raumbildung

Der Schlafbereich hat, wie jeder Nutzungsbereich, einen grundsätz- Möblierung lichen Platzbedarf für Einrichtungsgegenstände und Bewegungsflächen. > siehe Abb. 19

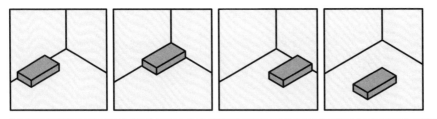

Abb. 20: Die Bettenstellung im Raum beeinflusst das Sicherheits- und Ruhegefühl des Liegenden.

Je kleiner diese Flächen bemessen werden, desto größer ist die resultierende Einschränkung für eine alternative Gestaltung. Die Optimierung von Flächen ist in der Planung zwar wünschenswert, sollte aber nur bedingt zu Lasten der Flexibilität gehen und auch in der späteren Nutzung variable Gestaltungsansätze erlauben. Z. B. gibt es Betten in genormten Größen, die durch die festgelegten Standardmaße den Platzbedarf in der Planung definieren. Aber auch Zwischengrößen, selbstgebaute Varianten, Hoch- und Himmelbetten sind Schlafstätten, die sich nicht immer nach Normen richten müssen und Teil eines individuellen Schlafbereichs sein können.

○ Position der Schlafstätte

Die Positionierung des Bettes im Raum beeinflusst bewusste und unterbewusste Wahrnehmungen. Steht das Bett in der Ecke und ermöglicht von dort die visuelle Kontrolle über den ganzen Raum und seine Öffnungen, suggeriert es Übersichtlichkeit und Sicherheit. Ist das Bett zentral positioniert und wird darüber hinaus durch die Lage von Raumöffnungen und die Stellung von anderen Einrichtungsgegenständen inszeniert, kann es zu einem besonderen Mittelpunkt werden. > siehe Abb. 20

○ **Hinweis:** Eine individuelle Bettlänge ergibt sich durch die Addition von ca. 25 cm zur Körperlänge. Um das Bett herum sollte eine Bewegungsfläche geplant werden, um die Zugänglichkeit zu gewährleisten. Generell sollten Bewegungsflächen vor Möbeln für eine Person eine Tiefe von 70 cm nicht unterschreiten.

Der Schlafbereich ist oft auch der Ort, an dem die Kleidung gewech- Ankleidebereiche
selt wird, und benötigt in diesem Zusammenhang funktionalen Raum für
das Ankleiden und die entsprechenden Kleidungsstücke. > siehe Kap. Aufbewahren Ist kein gesonderter Ankleideraum vorgesehen, sollte Stellfläche
für einen Schrank berücksichtigt werden. Es ist darauf zu achten, dass
diese Stellfläche mit einer ausreichenden Bewegungsfläche kombiniert
wird und möglichst nicht mit der Stirnseite in der Zimmertürachse steht,
um den Zugang in den Raum nicht zu stören. Raumhohe Einbauschränke
können eine Alternative sein, da sie den zur Verfügung stehenden Raum
optimal ausnutzen. Allerdings werden so Flächen und Wandabschnitte
festgelegt und schränken vielleicht zu einem späteren Zeitpunkt andere
Gestaltungsansätze ein.

ESSEN

Wenige gesellschaftliche Handlungen werden traditionell so kultiviert Nutzungen und Funktionen
wie das Essen. Bei politischen und kulturellen Ereignissen wird es zele-
briert, lokaltypische Gerichte definieren regionales und nationales Selbst-
bewusstsein, im Familien- und Freundeskreis werden besondere Ereig-
nisse durch ein festliches Mahl zu Hause oder im Restaurant gekrönt.
Umso bemerkenswerter ist es, dass dem alltäglichen Frühstück, Mittag-
und Abendessen oft nicht viel Zeit eingeräumt wird, da Arbeit und aktive
Freizeit Priorität genießen. Der Stellenwert eines Essbereichs innerhalb
einer Wohnung wird deshalb von individuellen Ansprüchen abhängig ge-
macht. Neben der Anzahl der Bewohner sind die individuellen Essgewohn-
heiten und die zur Verfügung stehenden Flächen von Bedeutung. Über
die eigentliche Funktion hinaus nimmt der Essbereich eine wichtige Rolle
als täglicher Treffpunkt für die Bewohnerschaft und bei gesellschaftlichen Zusammenkünften ein. So werden je nach Ansprüchen und Vorgaben kompakte, funktionale oder raumgreifende Essbereiche entworfen.

Der Essbereich wird in der Regel durch die Küche bedient und sollte
deswegen in ihrer Nähe angeordnet werden. Weite Wege erschweren das
Auftragen von Speisen und das Abräumen von schmutzigem Geschirr. Ist
der Essplatz außerhalb der Küche geplant, kann eine Durchreiche mit vor-
gelagerter Abstellfläche die Arbeitsgänge optimieren. Darüber hinaus ist
auch die räumliche Nähe zum Wohnungseingang und zum Gäste-WC
zu beachten, damit Gäste ohne Umwege zum gedeckten Tisch bzw. zur
Toilette finden. > siehe Abb. 21

Dem Essbereich kann ein klar abgegrenzter Raum zugewiesen und
dadurch seine Bedeutung innerhalb der Wohnung mit eigenständiger und Raumkonzepte
in sich abgeschlossener Funktion betont werden. > siehe Abb. 22 links Soll dieser Raum auch bei größeren Zusammenkünften beispielsweise im Freun-
des- oder Familienkreis zum Essen genutzt werden, müssen die entsprechenden Flächen eingeplant werden. Alternativ kann der Essbereich in
einem übergreifenden, offenen Wohnkonzept einem allgemein genutzten

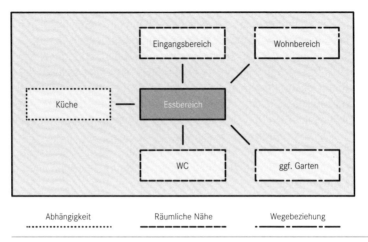

Abhängigkeit	Räumliche Nähe	Wegebeziehung

Abb. 21: Systematische Bezüge zum Essbereich

Wohnbereich zugeordnet werden. > siehe Abb. 22 Mitte und Kap. Raumbildung Eine solche Konstellation zieht keine absoluten Grenzen und schafft durch die Vereinigung von Flächen und Funktionen weitgehende Sichtbeziehungen und großzügige Raumeindrücke. Ein weiterer Vorteil ist die flexible Nutzung, da die Tafel gegebenenfalls ohne räumliche Zwänge erweitert werden kann. Soll der Essbereich in einer offenen Raumsituation hervorgehoben werden, bietet es sich an, Bezüge im Raum aufzunehmen sowie Materialwechsel und verschiedene Beleuchtungsmöglichkeiten gestalterisch einzusetzen.

Essen in der Wohnküche

Eine weitere Möglichkeit, den Essbereich integrativ anzuordnen, ist innerhalb einer Wohnküche gegeben. > siehe Kap. Kochen Dieser Ansatz verringert die räumlichen Abstände und schafft außerdem eine kommunikative Situation zwischen dem Essbereich und der Zubereitung von Speisen. > siehe Abb. 22 rechts Grundsätzlich denkbar sind auch zwei Essbereiche in einer Wohnung, die zwischen einem funktionalen Imbiss- und Frühstücksplatz in der Küche und einem weiteren Essbereich an anderer Stelle für die Hauptmahlzeiten unterscheiden.

Bezug zum Außenraum

Der Bezug zum Außenbereich kann die Qualität des Essbereichs wesentlich beeinflussen. Bodentiefe Fenster, Austritte oder (Dach-)Terrassen können den Außen- zu einem konzeptionellen Teil des Innenraums machen. Auch die Belichtungssituation und die Orientierung zur Sonne wirken sich auf den Raum aus und prägen den Entwurf unter Berücksichtigung der Tageszeiten. > siehe Kap. Orientierung

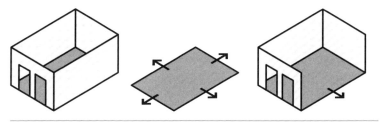

Abb. 22: Die Raumskizzen zeigen unterschiedliche Ansätze für den Entwurf eines Essbereichs.

Die Anordnung und der Flächenbedarf für die Möblierung von Ess- Möblierung
bereichen sind abhängig vom Raumkonzept und der Anzahl der Benutzer. ○

Esstische könne in vielen verschiedenen Formen und in unterschiedlichen Raumsituationen angeordnet werden. Runde Tische haben eine gleichwertige Sitzplatzverteilung zur Folge, rechteckige Tische geben eine gerichtete Anordnung vor. Steht der Esstisch frei im Raum, wird er zum dominierenden Element und baut die zentralen Bezüge im räumlichen Gefüge auf. In einer Ecksituation, eventuell kombiniert mit einer Eckbank, werden eher funktionale Aspekte des Essbereichs betont. Für einen kompakten Imbissbereich können innerhalb einer Küche z. B. auch Arbeitsflächen temporär genutzt werden. > siehe Abb. 23

○ **Hinweis:** Eine Person benötigt mindestens eine Tischfläche von 40 cm Tiefe und 65 cm Breite, um essen zu können, ohne den Nachbarn zu behindern. Ein Esstisch für sechs Personen hat als Rechteck mindestens eine Breite von ca. 80–90 cm und eine Länge von ca. 180–200 cm, als runde Variante einen Durchmesser von ca. 125 cm (Formel: Platzbreite in cm × Personenanzahl/314). Steht der Tisch frei im Raum, sollte der lichte Abstand zur nächsten Wand mind. 1 m betragen, damit man hinter bereits sitzenden Personen vorbeigehen kann. Ist eine feste (Eck-)Sitzbank vorgesehen, sollten zwischen Tisch und eingrenzender Wand mind. 60 cm Platz bleiben.

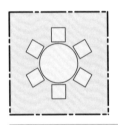 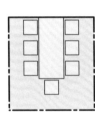 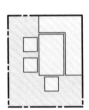 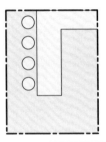

Abb. 23: Die Form eines Esstisches kann funktionale oder räumliche Aspekte hervorheben.

ARBEITEN

Nutzungen und Funktionen

Die Arbeit nimmt in unserem Alltag einen wichtigen Stellenwert ein. Sie bestimmt den Lebensrhythmus, das Lebensumfeld und die soziale Stellung in der Gesellschaft. Auch die Wohnsituation wird durch die Arbeitstätigkeit beeinflusst – materiell, weil sie häufig den zur Verfügung stehenden finanziellen Spielraum bestimmt, aber auch funktional, da verschiedene Arbeitstätigkeiten besondere Anforderungen an Wohnungen mit sich bringen. Nahezu jede Wohnung bietet grundsätzlich Raum für Kopfarbeit. Besonders die Kommunikations- und Computertechnik ermöglicht mit Handy, Laptop und Internet das Arbeiten an nahezu jedem Ort. Der Schlafraum, der Esstisch oder das Wohnzimmersofa werden so zu temporären Arbeitsplätzen.

Aus verschiedenen Gründen ist aber an solchen Orten nicht immer ein ergonomischer und dauerhafter Arbeitsplatz gewährleistet. Besonders Lichtverhältnisse, Geräusche und Nutzungsüberlagerungen können bei regelmäßiger Arbeitstätigkeit zu Hause einen besonderen Arbeitsbereich notwendig machen.

Raumkonzepte

Der Entwurf eines Arbeitsbereiches und die sinnvolle Zuordnung und Abgrenzung innerhalb der Wohnung hängen von den Anforderungen ab, die durch die Arbeitstätigkeit definiert werden. Klassische Bürotätigkeiten wie z. B. Buchhaltung kommen üblicherweise mit geringen Flächen aus, wenn diese funktional gestaltet sind. Wird ein solcher Arbeitsbereich beispielsweise in der Nähe des Wohnungseingangs angeordnet, kann ein eigenständiger Bereich geschaffen werden, der den Empfang von Arbeitsbesuch möglich macht, ohne private Bereiche der Wohnung zu exponieren. Je nach Bedarf kann der Arbeitsbereich aber auch in einem offenen Grundriss in andere Nutzungsbereiche übergehen. > siehe Kap. Raumbildung

Eine Vielzahl von Berufen kann zu Hause ausgeübt werden und die Wohnung durch individuelle Anforderungen der Tätigkeit prägen und differenzieren. So setzt beispielsweise das Atelier des Malers, die Werkstatt des Bildhauers, das Tonstudio oder der Übungsraum des Musikers sowie das Studierzimmer des Lehrers besondere Akzente, die kaum losgelöst von anderen Nutzungsbereichen betrachtet werden können und auch Interaktion zwischen Arbeit und Freizeit zulassen. Die Zonierung kann hier hilfreiche Ansätze bieten, um gute Lösungen zu erzielen. > siehe Kap. Zonierung Eventuell notwendige Bezüge zum Außenraum, erforderliche Lichtverhältnisse und andere spezielle Kriterien wie z. B. Schallschutz hängen von den jeweiligen Anforderungen der auszuübenden Tätigkeit ab.   ○

ERHOLUNG UND FREIZEIT

Viele Freizeitaktivitäten werden in geschlossenen Räumen ausgeübt, und im Allgemeinen wird in der Wohnung Raum für Erholung und Entspannung vorgesehen. Das Bett dient nicht ausschließlich zum Schlafen, der Esstisch kann auch ein Spieltisch, die Badewanne ein Ort der Entspannung sein, und der Wohnraum ist mit Fernseher und Lesebereich ein fast selbstverständlicher Bestandteil vieler Wohnungen. Oft sind nur wenige Eingriffe nötig, um jeden Raum einer Wohnung zu einem potenziellen Erholungs- und Freizeitbereich zu machen. Darüber hinaus können auch besondere Orte geschaffen werden, die besondere Ansprüche der Erholung und Freizeit berücksichtigen. Nutzungen und Funktionen

Der Wohnraum kann ein Wohnungs- und Lebensmittelpunkt sein, der in der alltäglichen Freizeit zur Erholung häufig genutzt wird. > siehe Abb. 24 Raumkonzepte

Als zentraler Aufenthaltsbereich, dessen Qualitäten nicht nur von der Bewohnerschaft, sondern auch von Gästen genutzt werden können, ist der Wohnraum in der Regel ein eher extrovertierter Teil der Wohnung. Es gibt aber auch introvertierte Raumkonzepte, die aus dem Wohnraum einen privaten und nach innen und außen abgeschirmten Bereich machen.

Ein großer Wohnraum vermittelt freizügige Raumeindrücke und kann überdies unterteilt werden, beispielsweise in Lese- und Spielzonen sowie Flächen für Kommunikation und Multimedianutzungen. > siehe Abb. 25

Ein Erholungsbereich kann mit besonderen Raumqualitäten, z. B. mit einer größeren Raumhöhe, gestaltet oder gegebenenfalls über Lufträume

○ **Hinweis:** Durch die fortschreitende Digitalisierung der Gesellschaft und die Vernetzung von Arbeitsbereichen werden kombinierte Nutzungsformen wie das Homeoffice weiterentwickelt. Entsprechend kommt dem häuslichen Büroarbeitsbereich auch im architektonischen Entwurf eine wachsende Bedeutung zu.

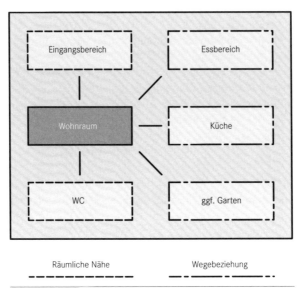

Räumliche Nähe   Wegebeziehung

Abb. 24: Systematische Bezüge zum Wohnraum

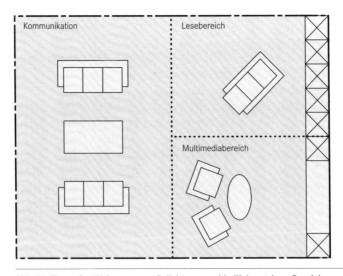

Abb. 25: Ein großer Wohnraum ermöglicht unterschiedlich nutzbare Bereiche.

und Galerien mit anderen Nutzungen verbunden werden. > siehe Kap. Raumbildung Solche raumgreifenden Planungsansätze sind nicht immer realisierbar, und auch kleine und kompakte Wohnräume können zu einem
qualitätsvollen Aufenthaltsbereich gestaltet werden, die besonders die
überschaubaren und behaglichen Aspekte des Wohnens hervorheben. Es
besteht außerdem die Möglichkeit, einem (kleinen) Wohnraum die Flächen anderer Hauptnutzungen, z. B. Essbereich und Küche, zuzuschalten
und das Raumkonzept eines offenen Grundrisses mit verschiedenen
Zonen umzusetzen. > siehe Kap. Zonierung

Bereiche für Fitness, ein Musikzimmer, eine Bibliothek oder andere
individuelle Freizeitbereiche lassen viel Gestaltungsspielraum und integrative Lösungen im Entwurf zu. Ob die Nutzung temporär oder dauerhaft ist, wird durch die persönlichen Ambitionen des Bewohners definiert.
Im Gegensatz dazu stehen Bereiche, die ausschließlich der Erholung oder
speziellen Freizeitaktivitäten gewidmet sind, wie beispielsweise die Sauna
oder das private Schwimmbad. Besondere Spielbereiche für Kinder benötigen Blickbeziehungen zu anderen Nutzungsbereichen, damit Erwachsene möglichst parallel zu anderen Tätigkeiten den persönlichen Kontakt
halten und beaufsichtigen können. Offene Wohnküchen und Wohnräume
wie auch Durchgangsräume bieten in diesem Sinne eine gute Möglichkeit: Sie können aus jedem angrenzenden Bereich direkt kontrolliert werden. > siehe Kap. Verkehrsräume

Bereiche für Erholung und Freizeit innerhalb der Wohnung können
im hohen Maße von der Einbeziehung des Außenraumes profitieren. Beispielsweise können Wohnungen, die im Erdgeschoss angeordnet sind,
außenliegende Flächen bei entsprechenden Witterungsverhältnissen in
das innenräumliche Konzept integrieren und damit die Wohnfläche
erweitern. > siehe Abb. 26 Aber auch Balkone, Austritte und Dachterrassen
erfüllen in den oberen Geschossen ähnliche Kriterien. Wie schon früher

○ Bezug zum
Außenraum

○ **Hinweis:** Für Kinder lassen sich ohne großen Aufwand kleine Extras in eine Wohnung einbauen. Um das
zu erreichen, kann man versuchen, einen Wohnungs-
entwurf oder auch ein schon gebautes Haus durch die
Augen eines Kindes zu sehen. Kleine Nischen werden
zu potenziellen Verstecken, der Wandklapptisch wird
mit Hilfe einer Decke zum Indianerzelt, und ein kleines
Eckfenster lässt zu einer bestimmten Stunde geheim-
nisvoll die Sonne auf ein Fliesenmuster scheinen.
Kinder sind meisterlich im Gestalten und Improvisieren.
Alles, was sie dafür benötigen, ist ihre Phantasie und
kleine Vorgaben in der Raumgestaltung.

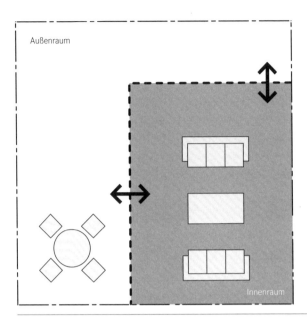

Abb. 26: Durch die Einbeziehung von Außenraumflächen wird die Wohnfläche temporär erweitert.

erwähnt, ist auch hier die Belichtungssituation und die Orientierung zur Sonne wichtig: Es ist empfehlenswert, großzügige Öffnungen für die Nachmittags- und Abendsonne zu schaffen, damit der Wohn- und Freizeitbereich zu den Hauptnutzungszeiten natürlich belichtet wird.

HYGIENE

Nutzungen und Funktionen

Körperhygiene drückt sich in verschiedenen Formen aus. Wie auch immer die individuellen Rituale der Reinigung aussehen mögen, sind sie in jedem Fall lebenswichtig und gesundheitserhaltend. Wasser ist das zentrale Thema in der Hygiene und spielt in vielen Kulturen traditionell eine große Rolle. Rein zweckmäßig betrachtet, muss das Wasser in einem einwandfreien Zustand zugeführt und nach der Benutzung entsorgt werden. Die notwendige Infrastruktur macht aus einem Badezimmer in der Regel einen sehr spezialisierten Funktionsbereich innerhalb einer Wohnung. Er kann nicht wie andere Bereiche einer Wohnung relativ problemlos „umgestellt" werden und sollte die Bedürfnisse unterschiedlicher Nutzer berücksichtigen. Das Bad und auch das (Gäste-)WC benötigen ein gewisses Maß an Schall- und Sichtschutz, um nicht andere Nutzungsbereiche zu beeinträchtigen oder durch sie beeinträchtigt zu werden.

○ **Hinweis:** Bei der Planung, besonders im Geschosswohnungsbau, sollten Installationswände für Frisch-
und Abwasser nach Möglichkeit übereinander liegen,
um den Installationsaufwand und die Schallbelästigung
niedrig zu halten. Speziell bei angrenzenden Wohnungen sollte ein guter Schallschutz in der Planung
bedacht werden. So können z. B. die Installationswände
zweier Wohnungen nebeneinander liegen und beeinflussen so keine anderen Räume. Um die Leitungswege
kurz zu halten, sind die Sanitärgegenstände in der Nähe
der Installationswände zu fixieren.

Bad und privates WC haben in unmittelbarer Nähe des Schlafbereichs
eine gute Lage und können durch einen direkten Zugang angeschlossen
werden. Wenn diese Variante nicht umsetzbar ist, sollten der Zugang zum
Bad und auch der Zugang zum Schlafbereich möglichst vor Blickkontak-
ten aus weniger privaten Bereichen geschützt werden. Das Gäste-WC
wird gegebenenfalls im Eingangsbereich einer Wohnung angeordnet und
kann hier die allgemeinen Wohnbereiche bedienen. > siehe Abb. 27

In Wohnungsgrundrissen mit beschränkter Größe werden in einem
Badezimmer häufig mehrere Funktionen zusammengelegt. Neben Badewanne, Dusche und Waschbecken findet auch die Toilette hier ihren Platz,
vielleicht neben Bidet, Wickeltisch, Waschmaschine und Wäschetrock-
ner. Bäder sind allzu häufig Räume mit minimierten Flächen und einem
hohen Grad der Funktionalisierung. Es stellt sich grundsätzlich die Frage,
ob hier zusammen angeordnet ist, was zusammengehört. In dem gerade
formulierten Beispiel werden gleich drei Bereiche miteinander überlagert:
die Körperpflege, das Waschen von Schmutzwäsche und die Benutzung
der Toilette. Es kann überlegt werden, ob der Hygienestandard vieler
Grundrisslösungen im Alt- und Neubau den Funktionen und den Nutzern
gerecht wird. Wenn ein Bereich für Nebenfunktionen vorgesehen ist, wird
z. B. die Funktion des Wäschebereichs in einem anderen Bereich angeordnet. > siehe Kap. Nebenfunktionen Alternativ kann eine Waschmaschine auch
im optionalen Hauswirtschaftsraum oder im Waschkeller aufgestellt werden. Wenn die Benutzung der Toilette und der Bereich für die Körperpflege ebenfalls separiert werden können, kann das Bad zu einem ange-
nehmen und sauberen Ort der Entspannung und Reinigung werden. Für

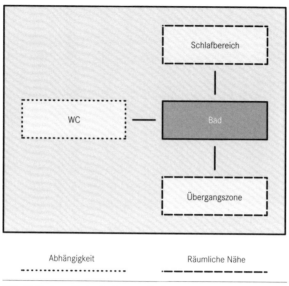

Abb. 27: Systematische Bezüge zum Bad

die Grundrissplanung von Bädern gibt es Normen, die Mindestabstände
○ zwischen den Sanitärobjekten vorschreiben.

Raumkonzepte   Die strikte Anwendung solcher Normen führt aber nicht unbedingt
zu besonderen Raumqualitäten. > siehe Abb. 28 Die Beantwortung der Frage,
ob ein flächenoptimiertes Bad mit Dusche, Waschbecken und WC geplant
werden soll oder ein Badezimmer mit Großzügigkeit entworfen werden
■ kann, hängt vor allem von den zur Verfügung stehenden Flächen ab.

○ **Hinweis:** Architektonische Visionen für innovative und zukunftsweisende Badräume findet man in *Bad ohne Zimmer* von Dirk Hebel und Jörg Stollmann (Hrsg.), erschienen im Birkhäuser Verlag, Basel 2005.

■ **Tipp:** Für die Grundrissplanung von Bädern gibt es Regeln, die Mindestabstände zwischen den Sanitärobjekten vorschreiben, z. B.:

– DIN 68935: Koordinationsmaße für Badmöbel, Geräte und Sanitärobjekte

– VDI 6000 Blatt 1: Ausstattungen von und mit Sanitärräumen – Wohnungen

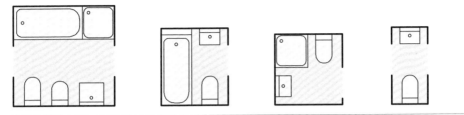

Abb. 28: Flächenoptimierte Standardbäder besitzen oft wenig Aufenthaltsqualität.

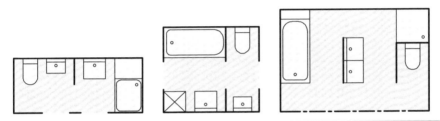

Abb. 29: Funktional eingeteilte Bäder erlauben parallele Abläufe.

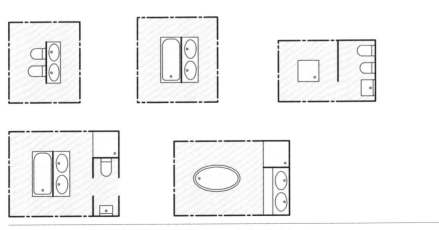

Abb. 30: Bäder können über funktionale Aspekte hinaus frei gestaltet werden.

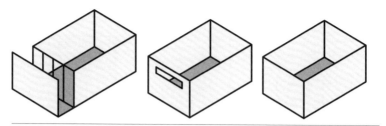

Abb. 31: Konzeptionelle Raumskizzen von Bädern mit unterschiedlichem Außenraumbezug

Um funktionale Schwerpunkte zu setzen, werden z. B. innerhalb eines Bades Trennelemente installiert, die das Bad in spezielle Bereiche einteilen und damit überdies Effizienz ermöglichen. > siehe Abb. 29 So kann mit Dusche und Waschbecken ein Bereich für die kompakte Reinigung geschaffen und ein Bereich für die Badewanne abgegrenzt werden. Die Toilette und gegebenenfalls das Bidet werden ebenfalls im Bad separiert oder erhalten einen eigenen Raum. Gerade in den Morgenstunden kann eine solche Anordnung Blockade und Geruchsbelästigung vermeiden. Bei größeren Haushalten ist ein zusätzliches (Gäste-)WC ohnehin sinnvoll.

Das Bad kann über funktionale Aspekte hinaus als ein Raum betrachtet werden, der besondere Aufenthaltsqualität bietet. So besteht die Möglichkeit, von üblichen Waschbecken, Bade- und Duschwannen abzuweichen und besondere Grundriss- und Funktionslösungen anzustreben. Eine Duschwanne kann barrierefrei durch eine Fläche individueller Größe mit einem bodengleich gefliesten Ablauf ersetzt werden. Oder eine (große) Badewanne wird zentral und frei im Raum stehend angeordnet und vermittelt durch entsprechende Bewegungsflächen Großzügigkeit. Solche Lösungen benötigen zwar oft mehr Fläche, erhöhen aber den Wohnwert des Funktionsbereiches Badezimmer. > siehe Abb. 30

Bezug zum Außenraum — Obwohl das Bad ein sehr intimer Bereich ist, sollte der Bezug zum Außenraum nicht vernachlässigt werden. Ist dieser Außenbereich vor fremden Blicken geschützt, kann eine großflächige Verglasung oder auch ein Austritt sehr reizvoll sein. > siehe Abb. 31 links Klug gewählte Fensteröffnungen können Sichtbeziehungen nach außen schaffen, ohne die Intimsphäre zu verletzen. > siehe Abb. 31 Mitte

Innenliegende Bäder lassen keine Sichtbeziehungen von außen und keine natürlichen Lüftungsmöglichkeiten zu und müssen daher mechanisch belüftet werden. Nicht zuletzt aufgrund der Lüftungsthematik besitzen innenliegende Bäder meist nicht die Aufenthaltsqualität eines

Bades mit Außenfenstern. Eine interessante Variante eines innenliegenden Bades kann z. B. eine verglaste Öffnung im Dach sein, die funktionale Aspekte der Belichtung und Belüftung berücksichtigt und darüber hinaus aus der Badewanne einen direkten Blick in den Himmel erlaubt. > siehe Abb. 31 rechts

KOCHEN

Das Kochen hat in den vergangenen Jahrzehnten an existenzieller Bedeutung verloren. Es ist für den Einzelnen nicht mehr notwendig, zu kochen, um zu essen. Fastfood und Fertiggerichte bestimmen einen Großteil der Speisekarte vieler Menschen, die Lebensmittelindustrie ermöglicht durch Massenproduktion Tiefstpreise für Tiefkühlware und Dosenprodukte. Kochen kann aber mehr repräsentieren, als Nahrung so zeitsparend wie möglich zuzubereiten. Es kann ein Gemeinschaftsereignis sein, ein hohes Maß an Freizeitwert besitzen und nicht zuletzt ein Bewusstsein dafür fördern, auch zu wissen, was man isst.

> Nutzungen und Funktionen

In der Regel ist die Küche ein häufig frequentierter Bereich und hat deswegen eine zentrale Stellung innerhalb einer Wohnung. Um z. B. Lebensmitteleinkäufe nicht über weite Wege tragen zu müssen, sollte sie in Wohnungseingangsnähe liegen. Auch Vorratsräume und gegebenenfalls ein Gemüsegarten benötigen kurze Wege zur Küche. Der Essplatz wird aus der Küche bedient und sollte direkt erreichbar sein, um das Auftragen von Speisen und das Abräumen von schmutzigem Geschirr nicht zu erschweren. > siehe Abb. 32

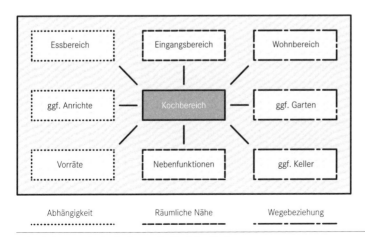

Abb. 32: Systematische Bezüge zu der Funktion Kochen

Raumkonzepte Die Küche kann innerhalb eines Wohnkonzeptes auf sehr unterschiedliche Arten räumlich definiert werden. Je nach Bedarf und Anspruch hat sie in ihren verschiedenen Formen als Kochnische, Arbeitsküche und Wohnküche entsprechenden Flächenbedarf. Wird sie als abgeschlossene Funktionseinheit betrachtet, erhält sie einen eigenständigen Raum, der von anderen Nutzungsbereichen klar getrennt wird. Dieser Raum kann seiner Funktion durch optimierte Flächen genügen und lediglich Arbeitsraum zum Kochen sein. Darüber hinaus können aber auch Aufenthaltsqualitäten gestaltet und beispielsweise innerhalb einer Wohnküche ein Imbissplatz und/oder ein vollwertiger Essbereich eingerichtet und damit ein zentraler Treffpunkt in der Wohnung gestaltet werden. > siehe Kap. Essen Alternativ wird die Küche auch gern offen geplant und geht dann in andere Nutzungsbereiche über. > siehe Kap. Raumbildung Die Tätigkeit des Kochens wird auf diese Weise kommunikativ in Beziehung zu anderen Wohnbereichen gesetzt und profitiert von einem ganzheitlichen Raumkonzept. Allerdings muss man dabei entwurflich beachten, dass die offene Raumsituation durch die Geruchsentwicklung beim Kochen zeitweise beeinträchtigt wird und geeignete mechanische oder manuelle Lüftungskonzepte vorsehen. Um funktionale und räumliche Aspekte flexibel zu

■ ○ handhaben, bieten großformatige (Schiebe-)Türen temporäre Abtrennung.

Bezug zum
Außenraum Der Bezug zum Außenraum über Fensteröffnungen ist nicht nur aus Belichtungs- und Belüftungsgründen wesentlich für die Küche. Wird die Küche beispielsweise in einer Familie mit Kindern häufig genutzt, sind Sichtbeziehungen zu den eventuell draußen spielenden Kindern vorteilhaft. Eine angeschlossene Terrasse oder ein Balkon können bei gutem Wetter zu einem Frühstück oder einer Zwischenmahlzeit einladen.

○ ■ Die Küche wird durch Abstellflächen, Herd, Anrichte und Spüle mit
Möblierung Abtropffläche in Arbeitsbereiche eingeteilt. Diese Arbeitsbereiche lassen sich in unterschiedlichen Konstellationen anordnen. Kurze Wege und fließende Arbeitsabläufe, kombiniert mit ausreichender Bewegungsfläche, ermöglichen ein hohes Maß an Funktionalität. Typische Anordnungen sind – in Abhängigkeit von der zur Verfügung stehenden Fläche – einzeilige, zweizeilige, U-förmige oder L-förmige Küchen. > siehe Abb. 33

■ **Tipp:** Ein zentrales Thema in der Küche ist die Belüftung, da beim Kochen intensive Gerüche entstehen können. Deswegen sollte eine funktionierende natürliche oder auch mechanische Belüftung geplant werden.

○ **Hinweis:** Wegweisende Küchenkonzepte der letzten Jahrzehnte, planerische Grundlagen und aktuelle Trends werden in *Die Küche* von Klaus Spechtenhauser (Hrsg.), erschienen im Birkhäuser Verlag, Basel 2006, ausführlich dargestellt.

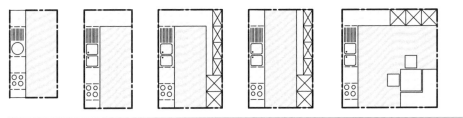

Abb. 33: Einfache und flächenminimierte Küchenformen genügen funktionalen Kriterien.

Darüber hinaus können freie Arrangements und zentrale Stellungen von Herd und Arbeitsflächen gewählt werden und die Küche in Funktion und Anspruch zu einem Ort mit besonderen Qualitäten machen. > siehe Abb. 34 Steht ein Küchenblock frei im Raum, fördert dies die Kommunikation mit anderen Bereichen oder Personen, da man bei der Zubereitung nicht direkt auf eine Wandfläche schaut.

Die Küche ist ein funktionaler Ort, ein Arbeitsplatz innerhalb der Wohnung. Lebensmittel sollten gut zugänglich sein und müssen häufig kühl gelagert werden. Wird das „Werkzeug" wie Töpfe, Pfannen und Messer gut sortiert und übersichtlich aufbewahrt, erleichtert der effiziente Zugriff die Arbeitsabläufe. > siehe Kap. Aufbewahren

○ **Hinweis:** Für die Grundrissplanung von Küchen gibt es Normen, die Mindestflächen vorschreiben:

DIN -66354:   Kücheneinrichtungen – Formen, Planungsgrundsätze

Im Allgemeinen gilt: Die Tiefe der Bewegungsfläche vor einer Küchenzeile sollte 1,20 m nicht unterschreiten, da mehrere Personen sich ansonsten behindern könnten. Arbeitsflächen müssen eine Höhe von mindestens 90 cm aufweisen und über den Sockelbereich justierbar sein, um die Höhe den Nutzern anpassen zu können. Die Standardtiefe von Küchenunterschränken und fest installierten Elementen wie Herd und Kühlschrank beträgt 60 cm und gibt so die übliche Tiefe einer Küchenzeile vor.

■ **Tipp:** Fenster direkt oberhalb der Arbeitsfläche ermöglichen bei der Arbeit einen visuellen Außenbezug. Oft ist es allerdings schwierig, die Brüstungshöhe solcher Fenster in der Außenansicht mit anderen Fenstern auf gleiche Höhe zu bringen, da Fenster oberhalb des Arbeitsbereiches einer Küche aufgrund dera Höhe von Küchenelementen höher liegen müssen. Bei Öffnungsflügeln hinter einer Spüle muss zudem die Aufbauhöhe des Wasserhahns berücksichtigt werden, da ansonsten das Fenster nicht zu öffnen ist.

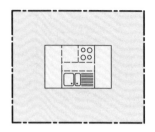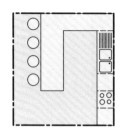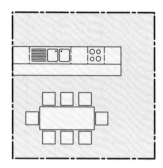

Abb. 34: Individuelle Küchenformen erlauben freie Entwurfsansätze und integrative Nutzungen.

NEBENFUNKTIONEN

Nutzungen und
Funktionen

Nebenfunktionen beinhalten beispielsweise das Waschen von Schmutzwäsche sowie das Trocknen und Bügeln. Sie benötigen nicht notwendigerweise einen eigenen Raum und können auch temporär anderen Nutzungsbereichen zugeordnet werden. Besteht aber die Möglichkeit, einen eigenständigen (Hauswirtschafts-)Raum für die Nebenfunktionen in das Wohnungsprogramm aufzunehmen, können diese Tätigkeiten sinnvoll zusammengeführt werden. Dieser Raum ist, ähnlich wie Küche und Bad, ein relativ zweckgebundener Funktionsraum. Er bietet z. B. Platz für Waschmaschine und Trockner bzw. Wäscheleinen. Hier können Wäsche gebügelt und aufbewahrt sowie Haushaltsgeräte und Reinigungsmittel verstaut werden. Auch eine separate Dusche kann gute Dienste leisten, um im Übergang vom Außenraum eine Grundreinigung zu ermöglichen, ohne sensiblere Wohnungsbereiche zu tangieren. Liegt der Hauswirtschaftsraum gemeinsam mit der Küche in einem Funktionsbereich, ergeben sich durch eine identische Hauptnutzungszeit kurze Wege. Je nach Gesamtkonzept kann die Nähe zum Bad- und Schlafbereich ebenfalls sinnvoll sein, da meistens dort die Wäsche anfällt und auf diese Weise weite Wege zur Waschmaschine vermieden werden.

AUFBEWAHREN

Menschen benötigen im Wohnalltag eine Vielzahl von Gegenständen. Nutzungen und Funktionen Wir umgeben uns mit Gebrauchsgegenständen und persönlichen Erinnerungsstücken. Manche davon sind für den täglichen Einsatz bestimmt und werden gut sortiert und funktional verstaut, andere haben eine besondere Bedeutung und sollen gesehen werden. Eine Wohnung ist oft ein Sammelsurium verschiedenster Objekte und gleichzeitig eine Art persönliches Museum, das die Persönlichkeit des Bewohners widerspiegelt.

Man kann verschiedene Kategorien des Aufbewahrens unterscheiden. Kategorien des Aufbewahrens Eine private Bibliothek ordnet Bücher und kann sie gleichzeitig zu Ausstellungsobjekten machen, Kunstgegenstände können in einer Galerie gesammelt und präsentiert werden, die nostalgische Plattensammlung ermöglicht je nach Stimmung den Zugriff auf die gewünschte Musik und stellt nicht zuletzt den persönlichen Musikgeschmack zur Schau. Diese beispielhaften Formen des Aufbewahrens haben oft die Präsentation von persönlich bedeutsamen Objekten gemeinsam. Anders verhält es sich in der Regel mit Dingen des täglichen Gebrauchs wie Kleidung, Schuhen, Küchenutensilien, Reinigungsgeräten und vergleichbaren Objekten. Sie sollen in der Regel leicht zugänglich sowie vor Schmutz geschützt werden und möglichst nicht sichtbar sein. Deswegen werden sie eher unter funktionalen Aspekten geordnet und temporär verstaut. Abschließend benötigt eine Wohnung auch Bereiche, in denen effizient und dauerhaft ohne ständigen Zugriff gelagert werden kann. Das sind beispielsweise selten benötigte Objekte oder saisonale Gebrauchsgegenstände, die an anderer Stelle eher stören würden. Den Orten, die unter den verschiedenen Gesichtspunkten Dinge zur Schau stellen, ordnen und lagern, kommt im Spannungsgefüge von Funktionalität und Ästhetik eine ○ hohe Bedeutung zu.

Schöne, wertvolle oder in einem anderen Sinne bedeutsame Objekte Raumkonzepte beeinflussen und gestalten einen Raum. Gut beleuchtete und proportionierte Wandflächen für Bilder können genauso Entwurfsmerkmal einer Wohnung sein wie ein offenes, raumteilendes Regalsystem. Auch eine Bodenvertiefung mit darüberliegender begehbarer Glasplatte oder Blickbeziehungen zu inszenierten Nischen und zentralen Wandaussparungen sind beispielhafte Möglichkeiten der Präsentation in einer Wohnung. Darüber hinaus können spezielle Räume für Sammelgegenstände geschaffen oder beispielsweise Durchgangsräume als Galerie oder Bibliothek

○ **Hinweis:** Als Faustregel für die notwendige separate Abstellfläche in einer Wohnung gilt: Mindestens 2 Prozent der Wohnfläche.

genutzt werden. > siehe Kap. Verkehrsräume Nicht nur ein Kunstsammler wird solche Entwurfsansätze zu würdigen wissen, sondern viele Menschen, die Dinge besitzen, mit denen sie sich gerne umgeben. Quantität bedeutet in diesem Zusammenhang nicht notwendigerweise Wohnqualität, da ein Wohnraum auch durch wenige, dafür jedoch wirkungsvollere Elemente geprägt wird.

Lagern alltäglicher
Gebrauchs-
gegenstände

Gegenstände, die temporär verstaut und oft benutzt werden, benötigen funktionalen Stauraum. Kleinere Abstellräume für Putzzeug und Vorratskammern für Lebensmittel sollten mit Bezug zu den Nutzungsbereichen geplant werden, in denen sie oft gebraucht werden.

Schränke, Kommoden und Regale lassen sich nach Bedarf und Anspruch beispielsweise in einem Küchen- oder einem Schlafbereich anordnen. > siehe Kap. Schlafen und Kap. Kochen

Dauerhaftes Lagern

Abstellfläche zum dauerhaften Lagern kann in speziellen Räumen, gegebenenfalls im Keller oder auf dem Dachboden, geschaffen werden. Außerdem lassen sich Dach- und Treppenschrägen, Nischen und Ecken funktionalisieren und aktivieren. Wichtig sind hierbei die gute Erreichbarkeit und Effizienz der Lagerfläche. Auch sollte bei selten frequentierten Abstellräumen die Notwendigkeit der Belüftung geprüft werden, um feuchte oder muffige Räume zu vermeiden.

VERKEHRSRÄUME

Nutzungen und
Funktionen

Die internen Verkehrsbereiche einer Wohnung erschließen die Nutzungsbereiche. Sie trennen und bilden Pufferzonen aus, aber gleichzeitig verbinden sie auch und bestimmen die Wegeführung innerhalb der Wohnung. Sie vermitteln Raumeindrücke und beeinflussen durch Lage und Volumen in hohem Maße die Wohnqualität. Sie benötigen Flächen, die genau wie alle anderen Flächen einer Wohnung im richtigen Verhältnis von Baukosten und Nutzen stehen sollten.

Eingangsbereiche
einer Wohnung

Die Diele ist der Eingangsbereich zu einer Wohnung und allen anderen Räumen vorgeschaltet. > siehe Abb. 35

Im Geschosswohnungsbau ist eine Diele schon aus Schallschutzgründen sehr empfehlenswert und kann überdies aus klimatischen Gründen mit einem Windfang ausgestattet sein. Natürliche Belichtung und das Verhältnis von Raumfläche und -höhe spielen hier eine große Rolle. > siehe Kap. Raumbildung Als Eingangsbereich schafft die Diele einen Übergang von innen nach außen, ermöglicht das Ablegen von Kleidung und den Emp-

> O **Hinweis:** Innenliegende Räume müssen mechanisch belüftet werden.

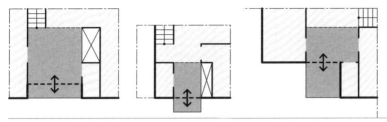

Abb. 35: Eingangsbereiche zu Wohnungen schaffen den Übergang von innen nach außen unter funktionalen und räumlichen Aspekten.

fang von Gästen. Nach individuellem Anspruch kann sie zur Pufferzone minimiert oder zum repräsentativen Tor zur Wohnung gestaltet werden. Ohne diesen wichtigen Zwischenbereich können andere Nutzungsbereiche gestört oder behindert werden. Die Diele erschließt z. B. oft direkt den öffentlichen Wohnbereich, die Küche, das Gäste-WC und die Garderobe. Darüber hinaus dient sie häufig als Verteiler zu anderen Nutzungsbereichen einer Wohnung und grenzt an interne Treppen und Flure.

In hierarchisierten Wohnungen bilden Flure die Verkehrwege zwischen den unterschiedlichen Nutzungsbereichen. Liegt ein Wohnungsflur innen und ist nicht natürlich belichtet, bietet er wenig Aufenthaltsqualität: Lange, dunkle Flure haben oft eine unangenehme Wirkung und können in aller Regel durch ein kluges Gesamtkonzept vermieden werden. Offene Grundrisse erlauben es, auf interne Wohnungsflure weitgehend zu verzichten, da die Nutzungsbereiche direkt ineinander übergehen. > siehe Kap. Raumbildung [Interne Wohnungsflure]

Wird der Flur mit natürlichem Licht und größerer Fläche gestaltet, gewinnt er an Raumqualität und kann über seine Grundfunktion hinaus temporär z. B. ein Spiel- und Aufenthaltsbereich sein. Weiter gedacht wird der Flur zum Durchgangsraum und erhält neben seiner Erschließungsfunktion eine eigene dauerhafte Nutzung. > siehe Abb. 36 [Durchgangsräume]

Räume, die über einen Durchgangsraum erschlossen werden, bezeichnet man als „gefangene Räume", da sie keine eigene Erschließungsstruktur besitzen. Auch können Teile eines großen Raums durch leichte Einbauten (Schränke, Paravents oder Ähnliches) abgetrennt werden, so dass die Zone dahinter als intimer Verkehrsweg genutzt werden kann. Der offene Grundriss besteht unter dieser Betrachtungsweise aus vielen Durchgangsräumen und kommt weitgehend ohne reine Verkehrsflächen [Gefangene Räume]

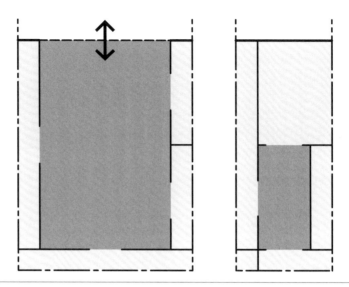

Abb. 36: Belichtete Durchgangsräume besitzen wesentlich mehr Raumqualität als unbelichtete Minimalflure.

aus, da die verschiedenen Zonen direkt ineinander übergehen und mit
○ den Erschließungsflächen verschmelzen. > siehe Kap. Raumbildung

Wohnungstreppe Besitzt eine Wohneinheit mehr als ein Geschoss, ist eine Wohnungstreppe notwendig. Diese Treppe kann offen innerhalb eines anderen Raumes liegen, beispielsweise in der Diele oder im Wohnzimmer, und damit den Übergang zur nächsten Etage hervorheben. Alternativ besitzt sie einen eigenen Treppenraum und schirmt damit das obere Geschoss ab. Sie muss bauordnungsrechtlichen, funktionalen und gestalterischen Grundsätzen genügen. > siehe Abb. 37

○ **Hinweis:** Mindestanforderungen für die Konstruktion von Treppen sind in nationalen Normen geregelt:

DIN 18065: Gebäudetreppen; Definitionen, Messregeln, Hauptmaße

OENORM B 5371: Gebäudetreppen; Abmessungen

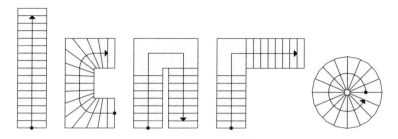

Abb. 37: Die wohnungsinterne Erschließung weiterer Ebenen durch unterschiedliche Treppenformen

Bauformen

Die vorhergehenden Kapitel behandelten das Thema Wohnen vorwiegend unter räumlichen und nutzungsrelevanten Aspekten. Im folgenden Kapitel wird das Wohnen typologisch unterschiedlichen Bauformen zugeordnet, die durch ihre spezifischen Eigenschaften Wohnkonzepte maßgeblich beeinflussen.

EINFAMILIENHÄUSER

Das solitäre Einfamilienhaus bietet Wohnraum für eine Familie und benötigt, abhängig von den lokalen Bauvorschriften, ein Mindestmaß an Abstand zum nächsten Gebäude und hat auch darüber hinaus oft einen erheblichen Bedarf an Fläche für Gartennutzung und Infrastruktur. Diese Flächen führen in der Addition im Vergleich zu einer urbanen Struktur zu einer reduzierten städtebaulichen Dichte. > siehe Abb. 38

Solitäre Einfamilienhäuser

Grundsätzlich ermöglicht das solitäre Einfamilienhaus eine individuelle und vor allen Dingen unabhängige Art des Wohnens. Ansprüche und Bedürfnisse können im Entwurf nach persönlichen Maßstäben umgesetzt werden; der Gestaltungsspielraum ist groß. Diese individuellen

Konsequenzen für das Wohnen

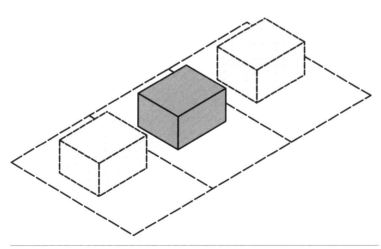

Abb. 38: Die städtebauliche Anordnung von solitären Einfamilien- und Doppelhäusern benötigt relativ große Flächen, die aber auch den Wohnwert deutlich erhöhen.

Vorstellungen und die Einbeziehung des privaten Außenraumes in Form der Gartennutzung erlauben vielfältige Ansätze im Entwurf.

○ **Wohnen auf zwei Ebenen**

Häufig zeichnen sich Einfamilienhäuser durch das Wohnen auf zwei Ebenen aus: Das Eingangsgeschoss fasst oft allgemeine Nutzungsbereiche zusammen wie Küche, Ess- und Wohnbereich. Auf der zweiten Ebene werden eher private Nutzungsbereiche für Schlafräume und Hygiene angeordnet. Aber auch zusätzliche Ebenen können, je nach Bedarf und Kostenrahmen, die Nutzungsbereiche sinnvoll gliedern. > siehe Kap. Zonierung und Raumbildung

Bungalows

Bei Bungalows werden die Nutzungsebenen in nur einer Ebene angeordnet. Sie können sich mit ihrer geringen Höhe sehr gut in eine natürliche Umgebung einfügen. Der Baukörper wird ausschließlich in der Fläche zoniert und kann durch Vor- und Rücksprünge plastisch ausgeformt werden und Bezüge zu örtlichen Gegebenheiten schaffen.

Tiny Houses

Aus dem amerikanischen Englisch stammt der Begriff „Tiny House" und bezeichnet ursprünglich kleine, Häuser auf mobilen Konstruktionen mit bis zu 400 Quadratfuß (entspricht ca. 37 m²), die gegebenenfalls nach längeren Standzeiten den Standort wechseln können. Sie sind an dieser Stelle nicht zu verwechseln mit einem Wohnwagen, dessen Zweckbestimmung die dauerhafte Mobilität ist.

Bei vergleichsweise kleinem Budget lassen sich so auf das Wesentliche reduzierte Formen des Eigenheims schaffen, die gleichzeitig weniger (finanziellen) Aufwand und mehr Unabhängigkeit versprechen.

Doppelhäuser

Doppelhäuser schließen zwei Einfamilienhäuser zu einem Baukörper zusammen und optimieren die Bau- und Unterhaltskosten durch die Verringerung von Außenflächen. > siehe Abb. 39 Die Grundrisse werden häufig über die Mitte gespiegelt und nur geringfügig variiert, aber grundsätzlich ist auch das Aneinanderbauen zweier verschiedener Häuser möglich. Form- und Materialwechsel können sich aufeinander abstimmen lassen und trotz unterschiedlicher Gestaltungsansätze einen ganzheitlichen Eindruck vermitteln.

○ **Hinweis:** Eine „eigene" Haustür zu haben und sich Flure und Eingangsbereiche nicht mit anderen Mitbewohnern teilen zu müssen, bedeutet für viele Menschen Wohnqualität. In den Niederlanden werden Wohnungen daher oft über eigene Hauseingangstüren erschlossen, auch wenn diese im Obergeschoss liegen und somit im Verhältnis zur Geschossfläche viele Treppen angeordnet werden müssen.

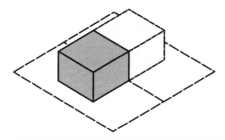

Abb. 39: Doppelhäuser vereinigen zwei Einfamilienhäuser zu einem Baukörper.

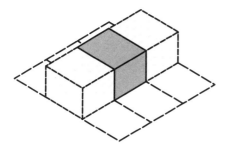

Abb. 40: Reihenhäuser kommen oft mit geringen Grundflächen aus. Reihenmittelhäuser beschränken die Grundstücks- auf die Hausbreite.

Reihenhäuser lassen sich durch die Aneinanderreihung einheitlicher Häuser mit identischen Grundrissen oder durch eine Addition von individuellen Baumaßnahmen ausbilden. Sie sind oft platzsparend konzipiert und damit eine wirtschaftliche Wohnform. Häufig kommen sie mit geringen Grundflächen aus und beschränken die Grundstücks- auf die Hausbreite. > siehe Abb. 40

Die Ausführung kann in verschiedenen Varianten erfolgen: Die Häuserfront kann eine gerade Linie bilden, kreisförmig oder diagonal aus-

Reihenhäuser

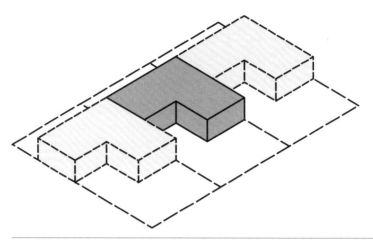

Abb. 41: Gartenhofhäuser bilden kleine private Höfe, die vor fremden Einblicken weitgehend geschützt sind.

gerichtet sein und Zeilen oder geschlossene Blockränder ausbilden. Durch die Reihung ergibt sich eine städtebauliche Verdichtung, die mit einem hohen Wohnwert im Verhältnis steht und städtebaulich einem gegliederten und gleichzeitig aufgelockerten Planungsansatz gerecht werden kann.

Konsequenzen für das Wohnen — Die Belichtungsmöglichkeiten sind im Gegensatz zu solitären Einfamilienhäusern eingeschränkt: Es stehen, abgesehen vom Anfangs- und Endhaus einer Reihung, mit Vorder- und Rückfassade nur noch zwei Belichtungsseiten zu Verfügung. Deshalb muss die Ausrichtung der Nutzungsbereiche besonders gut abgestimmt werden. > siehe Kap. Orientierung Obwohl die Reihung individuelle Aspekte des Außenraumes einschränkt, können eigenständige Adressen ausgebildet werden.

Gartenhofhäuser — Eine besondere Form der Reihung wird durch Gartenhofhäuser umgesetzt, die in Addition mit der angrenzenden Nachbarbebauung kleine private Höfe ausbilden, die weitgehend vor fremden Einblicken geschützt sind. > siehe Abb. 41 Dieser zentrale Außenraum bildet einen Treffpunkt für alle dorthin orientierten Räume. Da alle Fenster des rückwärtigen Bereichs zum Innenhof orientiert sind, können unter Umständen Probleme in der Schaffung von intimen Rückzugsbereichen entstehen.

Kettenhäuser — Um das Fassadenbild aufzulockern, werden die Häuser nicht selten abgestaffelt oder durch gleichmäßige Vor- und Rücksprünge zu Kettenhäusern ausgebildet. > siehe Abb. 42

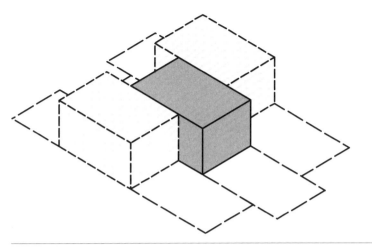

Abb. 42: Kettenhäuser bilden durch Vor- und Rücksprünge über die Seitenwände einen Sichtschutz zum direkten Nachbarn.

WOHNHÄUSER IN GESCHOSSBAUWEISE

Wohnhäuser in Geschossbauweise fassen im Gegensatz zu Einfamilienhäusern mehrere Wohneinheiten in einem komplexen Gebäude zusammen, die neben- und/oder übereinander in Geschossen organisiert werden. Durch die Ausbildung großer Geschossflächen bei relativ kleinen Grundflächen ermöglichen sie eine große städtebauliche Dichte.

Die Blockrandbebauung zeichnet sich durch eine geschlossene Form aus. Eine einheitliche Baumaßnahme oder eine Reihung von Einzelgebäuden schließt einen Innenhof ein und differenziert so den Außen- vom Innenbereich. > siehe Abb. 43 Die flächenhafte Blockrandbebauung kann in sehr unterschiedlichen Formen umgesetzt werden. Rechteckige Formen sind genauso denkbar wie kreis- und bogenförmige Strukturen, Mischformen oder andere geometrische Figuren. Der eingeschlossene Innenbereich kann, je nach Größe und Form der Fläche, durch weitere bauliche Strukturen gegliedert und in zusätzliche Höfe aufgeteilt werden. Innenhöfe erlauben vielfältige Gestaltungsansätze und Nutzungsmöglichkeiten. Mögliche Öffnungen des Baublocks nach außen durch Tore, Durchfahrten und Eingänge formen öffentliche, halböffentliche und auch private Nutzungen aus. Grünanlagen, Platzgestaltungen, Gartenzonen und Spielbereiche sind genauso denkbar wie Cafés, Läden und kleinere öffentliche Parks. ○

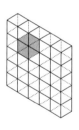

Blockrandbebauung

Wird der Innenbereich weitgehend von außen abgeschirmt, ist er besonders in städtischen Lagen vor äußeren Einflüssen wie Lärm, Abgasen und unerwünschten Einblicken geschützt. Dieser Innenbereich hat häufig einen halböffentlichen Charakter und dient den Bewohnern durch die entsprechende Gestaltung mit Grün- und Spielflächen als Rückzugsraum. Wohn- und Schlafräume können dem ruhigen Innenbereich zugeordnet werden, Eingänge und Nebenräume orientieren sich nach Möglichkeit zu der städtischen Außenseite und bilden einen wohnungsinternen Puffer gegen Einblicke und Lärm. Ein städtischer Baublock kann aber auch einen Innenbereich lediglich räumlich fassen und diesen durch ein aufgeständertes Erdgeschoss, Durchgänge und andere Öffnungen zu einem öffentlichen Bereich formen, der städtisches Leben in sich aufnimmt.

Die Zeilenbebauung strukturiert gereihte Einzelgebäude oder einheitliche Baumaßnahmen in Zeilen. > siehe Abb. 44 Obwohl die Grundform einer Zeile denkbar einfach ist, lassen sich durch die unterschiedliche Stellung mehrerer Zeilen zueinander diverse städtebauliche Arrangements formen. Möglich sind parallele, orthogonale oder diagonale Anordnungen. Durch differenzierte Längen und Höhen können innerhalb einer komplexen Struktur räumliche Bezüge geschaffen oder aufgenommen werden. Die Zeilenbebauung trennt Außen- und Innenbereiche nicht so deutlich wie die Blockrandbebauung. Werden Zeilen ausschließlich parallel angeordnet, sind die entstehenden Zwischenräume an den Flanken offen. Gute Belichtungs- und Belüftungsmöglichkeiten sind zwar gegeben, aber Lärm, Wind und auch Unrat können besonders bei großen und flächigen Wohnanlagen in die Baustrukturen eindringen. Auch haben die Zwischenbereiche wenige räumliche Qualitäten, da sie nur zweiseitig gefasst sind und darüber hinaus oft der großen visuellen Kontrolle über eine ganze Zeilenlänge ausgesetzt sind. Eine Alternative besteht darin, die offenen Flanken einer Zeilenreihung durch eine orthogonal angeordnete weitere Zeilenbebauung zu schließen. So entstehen Innenbereiche, die räumlich geschlossener wirken und halböffentliche, beruhigte Bereiche schaffen.

○ **Hinweis:** Besonderes Augenmerk sollte auf die Gebäudeecken eines Baublocks gerichtet werden, da hier Belichtung und Belüftung meist einigen geometrischen Zwängen unterworfen sind. Auch die Orientierung zur Sonne ist bei der Ausrichtung der Nutzungsbereiche der Wohnungen zu überprüfen, da im Zweifelsfall zwischen Außen- bzw. Innenbereich und den Himmelsrichtungen Prioritäten gesetzt werden müssen.

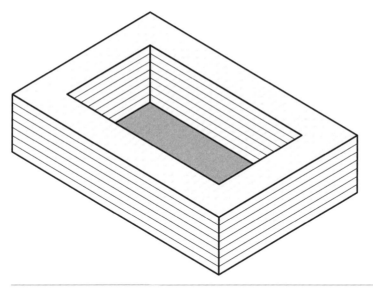

Abb. 43: Die Blockrandbebauung differenziert einen Innen- von einem Außenbereich.

Konsequenzen für das Wohnen

Je nach Orientierung lassen sich Zeilen in klare Ost-West- bzw. Nord-Süd-Ausrichtungen anordnen, was eine gute Funktion der Nutzungsbereiche gewährleistet. > siehe Kap. Orientierung Anders als bei einem geschlossenen Block braucht es keine Ecklösungen, die an Erschließungs-, Belichtungs- und Belüftungsbesonderheiten angepasst werden müssen. Standardgrundrisse können deshalb einfach umgesetzt werden.

Block- und Zeilenbebauungen kennzeichnen in der Regel zusammenhängende Maßnahmen, die als städtebauliche Konzeption eine größere Fläche prägen.

Solitäre Bauformen

Im Gegensatz dazu werden solitäre Bauformen im Geschosswohnungsbau in der Regel mit größerem Abstand zum nächsten Gebäude geplant und zeichnen sich nicht selten durch große Höhen- bzw. Längenausdehnungen aus. Die großen Dimensionen können dazu führen, dass auch eine Gruppierung solitärer Bauformen keine zusammenhängenden, räumlich differenzierten Zwischenflächen mehr ausbilden können, die einem menschlichen Maßstab entsprechen.

Scheibenhaus-bebauung

Die Scheibenhausbebauung besitzt eine lineare Struktur, die als kompakte Bauform häufig große Höhen und Längen erreicht. > siehe Abb. 45 links Zusammengefasst in einer gemeinschaftlichen Großwohnanlage können auch mehrere Scheibenhäuser zusammen kaum interne Bereiche schaf-

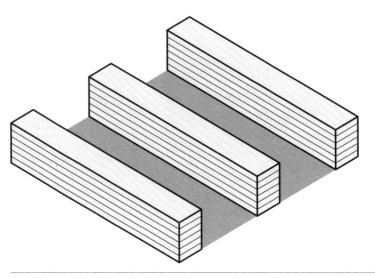

Abb. 44: Die Zeilenbebauung strukturiert eine Wohnanlage in Zeilen.

fen und haben oft größere Zwischenflächen zur Folge, die als „Niemandsland" räumlich nicht einfach zu gestalten sind.

Großformen Scheibenhäuser können zu Großformen verbunden und als solche einzeln geplant werden, oder sie prägen eine großmaßstäbliche Flächenbebauung. > siehe Abb. 45 Mitte Durch eine raumbildende Grundform und Gruppierung ist eine Raumdifferenzierung grundsätzlich nicht ausgeschlossen, aber aufgrund der großen Flächen nur eingeschränkt umzusetzen.

Punkthaus-
bebauungen Punkthausbebauungen stellen solitäre Bauformen dar, die frei in der Fläche stehen. > siehe Abb. 45 rechts Durch eine entsprechende Gestaltung der Umrisslinien können die Gebäudekörper plastisch ausgeformt werden und betonen so ihre Vertikalität. Durch die zentral organisierte Grundrissform nehmen die Gebäudekörper eher wenig Bezüge zum Außenraum auf; wegen der notwendigen großen Abstände zueinander lassen sich differenzierte Zwischenräume nur bedingt ausbilden.

Konsequenzen
für das Wohnen Solitäre Bauformen fassen im Geschosswohnungsbau eine große Anzahl von Wohneinheiten in einem Gebäude zusammen. Durch Optimierungen der Grund- und Verkehrsflächen werden so kompakte und kom-

plexe Wohnstrukturen geschaffen, die Wohnflächen für viele Menschen auf relativ kleinem Raum organisieren.

Die Wohnflächen können je nach Gesamtkonzeption grundsätzlich individuell oder standardisiert umgesetzt werden. Aus Gründen der Wirtschaftlichkeit werden größere Baumaßnahmen allerdings in der Regel einheitlich umgesetzt und Standardgrundrisse geschaffen, die gegebenenfalls in einigen unterschiedlichen Typen ausgeführt werden, um unterschiedliche Wohnkonzepte anbieten zu können. Durch allgemeine Erschließungsstrukturen wird die Ausbildung von individuellen Adressen eingeschränkt und der gemeinschaftliche Charakter eines Gebäudes hervorgehoben. Gartennutzung mit direktem Bezug zur Wohnung ist, wenn überhaupt, lediglich bei erdgeschossigen Wohnungen möglich. Austritte, Balkone und Dachterrassen schaffen aber auch im Geschosswohnungsbau privaten Außenraum. Vorteilhaft können in den oberen Geschossen die weitläufigen Blickbeziehungen zur Umgebung sein. Die Wohnungen sind allerdings, je nach Geschosshöhe, starken Witterungsverhältnissen ausgesetzt. Wohnhochhäuser können aufgrund ihrer ausgeprägten Höhe und starker Winde wegen nur bedingt natürlich belüftet werden.

● **Beispiel:** Die Unité d'Habitation in Marseille von 1947, entworfen von Le Corbusier, fasst in einem Gebäude mit 18 Geschossen auf 138 m × 25 m 337 Apartments zusammen, die jeweils zweigeschossig ausgebildet sind. Das Erdgeschoss ist aufgeständert, um die Grundfläche des Gebäudes im Außenraum nutzen zu können. In der siebten und achten Etage wurde Fläche für diverse Geschäfte und ein Hotel vorgesehen, das Dachgeschoss für die Nutzung durch einen Kindergarten, eine Sporthalle und ein Freilufttheater konzipiert. Durch standardisierte Serienproduktion sollte Effizienz mit Wirtschaftlichkeit und Wohnkomfort für viele Menschen verbunden werden. Das „Stapeln" von Wohnraum und anderen Funktionen entsprach Le Corbusiers Leitbild der vertikalen Stadt.

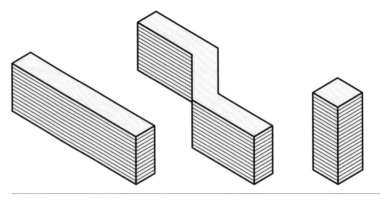

Abb. 45: Solitäre Bauformen zeichnen sich im Geschosswohnungsbau oft durch große Dimensionen aus und fassen eine große Anzahl von Wohneinheiten in einem Gebäude zusammen.

ERSCHLIESSUNG

Solitäre und gereihte Einfamilienhäuser besitzen jeweils eigene interne Erschließungsstrukturen und eigenständige Hauseingänge. Dadurch wird eine persönliche Adressierung möglich und die individuelle Nutzung dieser Wohn- und Bauformen hervorgehoben. Diese private Erschließung lässt sich grundsätzlich auch im Geschosswohnungsbau umsetzen, hat dann aber in der Regel aufwendige Treppenanlagen zur Folge. Wohnhäuser in Geschossbauweise, deren Erschließung im Folgenden systematisiert vorgestellt wird, fassen allgemeine Erschließungsbereiche wie Hauseingänge, Treppen und Aufzüge zentral und gemeinschaftlich zusammen.

Man kann verschiedene Erschließungsformen typologisieren und grundsätzlich zwischen Wohnhäusern, die als Spännertypen erschlossen

○ **Hinweis:** Je nach Gebäudehöhe und Bauvorschriften wird die Erschließung durch Treppen, Kombinationen aus Treppen und Aufzügen sowie Sicherheitstreppenanlagen geregelt. Ab vier Geschossen sollte man einen Aufzug einplanen, da die Wohnungen sonst nicht mehr angemessen komfortabel erschlossen werden können. Geregelt durch lokale Bauvorschriften, geben Hochhausbestimmungen Auflagen bei Erschließung und Brandschutz vor. Bevor man einen endgültigen Entwurf erstellt, sollte man sich mit den gültigen lokalen Baubestimmungen beschäftigen, da diese oft einen weit reichenden Einfluss auf Erschließungs- und Raumstrukturen haben.

○ **Hinweis:** Ein- und Zweispänner können durch natürliche Querlüftung sehr gut mit Frischluft versorgt werden. Die Querlüftung ermöglicht das Durchlüften von einer Hausseite zur anderen und damit einen vollständigen Luftaustausch in der ganzen Wohneinheit innerhalb einer kurzen Lüftungsdauer. So wird durch kurzes Stoßlüften ein vollständiger Luftwechsel gewährleistet und der Wärmeverlust gering gehalten.

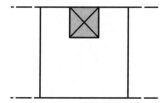

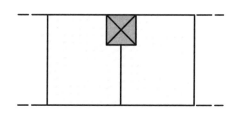

Abb. 46: System der Erschließung bei Einspännern

Abb. 47: System der Erschließung bei Zwei-
spännern

werden, und Wohnhäusern mit Gangerschließung unterscheiden. Je nach
Bauform sind im Geschosswohnungsbau beide Erschließungstypen grundsätzlich möglich. Allerdings sind Gangerschließungen nur bei Baumaßnahmen mit größeren Baulängen und einheitlichen Erschließungsanlagen
wirtschaftlich sinnvoll.

Spännertypen ordnen pro Geschoss eine bestimmte Anzahl von   Spännertypen
Wohneinheiten einem zentralen vertikalen Erschließungsbereich zu. Je
mehr Wohneinheiten pro Geschoss erschlossen werden, desto wirtschaft-
licher kann das gesamte Wohnhaus umgesetzt werden, da sich immer
mehr Benutzer eine gemeinschaftliche Erschließung teilen und ein güns-
tiges Verhältnis von Verkehrsfläche zu Nutzfläche gebildet wird.

Einspänner erschließen pro Geschoss eine Wohnung und sind als Er-   Einspänner
schließungsform eher unwirtschaftlich, weil eine gemeinschaftliche Trep-
penanlage nur eine begrenzte Anzahl von Wohnungen erschließt und die
Erschließungskosten auf wenige Wohneinheiten umgelegt werden müssen. > siehe Abb. 46 Üblich ist die Beschränkung auf vier Geschosse, um auf
einen Aufzug verzichten zu können. Vorteile ergeben sich in den freien
Belichtungs- und Belüftungsmöglichkeiten und in der Gestaltung der
Grundrisse, da geschossweise keine Zwänge durch weitere Wohneinheiten gegeben sind.

Bei Zweispännern werden zwei Wohnungen pro Geschoss erschlos-   Zweispänner
sen und dadurch das Verhältnis von Erschließungsaufwand und -nutzen
verbessert. > siehe Abb. 47 Die Grundrisse werden oft aus Gründen der
rationellen Bauweise über eine Mittelachse gespiegelt, aber auch unterschiedliche Wohneinheiten sind in Einteilung und Größe realisierbar.
Vorteilhaft ist die Möglichkeit der Querlüftung von einer Hausseite zur anderen und die mindestens zweiseitige Belichtung, die eine gute Ausrichtung der Nutzungsbereiche erlaubt.   ○

Dreispänner erschließen drei Wohnungen in jedem Geschoss. > siehe   Dreispänner
Abb. 48 Durch unterschiedliche Wohnungsgrößen und -zuschnitte werden
verschiedene Nutzerbedürfnisse berücksichtigt und können so zu einer

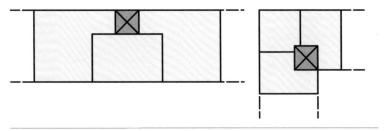

Abb. 48: Systeme der Erschließung bei Dreispännern

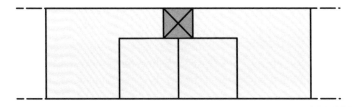

Abb. 49: System der Erschließung bei Vierspännern

größeren Durchmischung der Nutzerprofile innerhalb eines Wohnhauses führen. Je nach Einteilung der Wohnungen kann es zu einer einseitigen Orientierung von Grundrissen kommen, was Zwänge in der Ausrichtung von Nutzungsbereichen nach sich zieht. Auch die Möglichkeit der Querlüftung ist eingeschränkt. Dreispänner sind besonders für die Grundrissausbildung in den Gebäudeecken geeignet. In Abhängigkeit von der Wohnhaustiefe und -länge ergeben sich in der Regel 2-, 3- und 4-Raum-Wohnungen.

Vierspänner   Vierspänner ermöglichen den gleichzeitigen Zugang zu vier Wohnungen auf einer Ebene und sind deswegen eine ökonomische Erschließungsform. > siehe Abb. 49 Das Angebot von Wohnungsgrößen und -zuschnitten kann sehr stark variiert werden. Kleine und große Wohnungen sind in jedem Geschoss realisierbar. Wie bei den Dreispännern kann es zur einseitigen Orientierung und zur Einschränkung der Querlüftung kommen.

Punkthäuser   Punkthäuser können als solitäre Bauform nicht wie die Spänner-Haustypen aneinandergereiht werden. Sie gruppieren die Wohneinheiten geschossweise um einen zentralen, vertikalen Erschließungskern. Anzahl und Größe der Wohnungen richten sich nach der Grundfläche der Be-

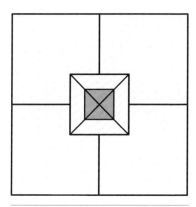

Abb. 50: System der Erschließung bei einem Atriumhaus

bauung. Grundsätzlich sind Möglichkeiten für eine zweiseitige Ausrichtung der Wohnungen und somit für vernünftige Verhältnisse bei Belichtung und Lüftung gegeben – jedoch nur für bis zu vier Wohneinheiten je Geschoss.

Eine besondere Form von Punkthäusern stellen im Geschosswohnungsbau Atriumhäuser dar, die durch einen Lichthof natürliches Licht in die Gebäudemitte einlassen. > siehe Abb. 50 Sie sind durch diese Eigenschaft in der Höhe eingeschränkt, da das Sonnenlicht nur im begrenzten Maße in die unteren Geschosse gelangen kann. Durch ein Atrium lassen sich dunkle und unfreundliche Erschließungsbereiche im Gebäudeinnern verhindern und darüber hinaus halböffentliche Vorzonen mit einem großzügigen Raumeindruck schaffen.

Wohnhäuser mit Gangerschließung besitzen über die vertikalen Erschließungsbereiche hinaus noch Gangsysteme, die horizontal eine bestimmte Anzahl nebeneinander liegender Wohneinheiten erschließen. Die vertikalen Erschließungsbereiche können, je nach Länge des Gebäudes, zentral gelegen oder in Abschnitte gegliedert sein. Ist der Gang im Gebäudeinnern angeordnet, spricht man vom Innengang, liegt er an der Außenseite, vom sogenannten Laubengang.

Ein zentraler Innengang ermöglicht eine effiziente Erschließung, da die Außenhaut vollständig für die Belichtung und Belüftung der Wohneinheiten genutzt werden kann. > siehe Abb. 51 Im Umkehrschluss muss der Innengang weitgehend ohne natürliches Licht auskommen. Somit entstehen oft dunkle und lange Flure, die wenig Aufenthaltsqualität besitzen und eher unangenehme Assoziationen mit sich bringen. Um solche Er-

Atriumhäuser

Gangtypen

Innengang

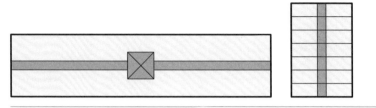

Abb. 51: Systemskizze Innengang

Abb. 52: Systemskizze Außengang

schließungssituationen zu vermeiden, können an einem Gang in bedarfs-gerechte Abständen halböffentliche Räume gebildet werden, die bis an die Außenfassade gehen und so natürliches Licht in die Geschossmitte gelangen lassen. Solche Räume nehmen vertikale Erschließungskerne wie Treppenanlagen und Aufzüge auf oder können als Wartezonen und Treffpunkte gestaltet werden.

Außengang/
Laubengang

Außengänge (oder auch Laubgänge) haben aufgrund ihrer Lage an der Gebäudeaußenwand keinerlei Belichtungsprobleme und können da-rüber hinaus nach außen offen, d. h., ohne Glas oder andere trennende Konstruktionen, ausgebildet werden. > siehe Abb. 52 Allerdings sind, beson-ders bei höheren Gebäuden, klimatische Bedingungen zu berücksichti-gen. Wind und Vereisungsgefahr schränken den offenen Laubengang in seiner Funktion ein. Weitergedacht sollten bei der Grundrissplanung z. B. Schlafräume nicht zum Außengang orientiert werden, um eventuellen Schallschutzproblemen möglichst vorzubeugen.

Vertikale
Staffelung

Innen- bzw. Außengänge können grundsätzlich in jedem Geschoss angeordnet werden. Eine solche Anordnung kann aber zu einer einsei-tigen Orientierung der Grundrisse führen, da die Gänge einseitig den direkten Bezug zum Außenbereich abschirmen und selbst bei Außen-gängen an der Gangseite nur untergeordnete Nutzungsbereiche möglich

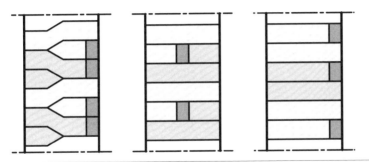

Abb. 53: Durch die vertikale Staffelung der Erschließungsgänge kann bei Maisonette-Wohnungen das Verhältnis von Wohn- zu Verkehrsfläche optimiert werden. Außerdem können Nutzungsbereiche in den Ebenen zoniert und ohne Erschließungsgänge zweiseitig zum Außenbereich orientiert werden.

sind. In einem solchen Fall bieten sich Apartments und Einraumwohnungen für verschiedene Grundrisslösungen an. Werden die Wohnungen auch intern über die Geschosse zu Maisonette-Wohnungen verbunden, müssen sowohl bei Außen- als auch bei Innengangsystemen nur in jedem zweiten oder dritten Geschoss Erschließungsgänge geplant werden. > siehe Abb. 53 und Kap. Raumbildung So lässt sich einerseits das Verhältnis von Wohn- zu Erschließungsfläche optimieren, andererseits wird die Querlüftung durch die ganze Gebäudetiefe möglich, und die Nutzungsbereiche können je Wohnung in mindestens einer Etage zweiseitig zum Außenraum ausgerichtet werden.

Maisonette-Wohnungen sind selbstverständlich nicht nur auf Wohnhäuser mit Gangerschließung beschränkt. Auch Spännertypen und Mischformen können von der Aufteilung einer Wohnung in mehrere Ebenen profitieren. Gerade im Altbau sind Maisonette-Wohnungen eine sehr gute Möglichkeit, zwei kleine Wohnungen zu einer großen zusammenzulegen, um so aktuellen Anforderungen und Bedürfnissen gerecht zu werden.

Neben dem vorbeschriebenen klassischen Wohnungsbau mit übli- Alternative chen Entwurfsparametern entwickeln sich im Kontext digitaler Arbeits- Wohnformen und Lebenswelten neue, kompakte Wohnformen, welche vor allem die Nutzerflexibilität in den Vordergrund stellen.

In großen, dicht bevölkerten Städten sind Bauland und Nutzflächen Microliving regelmäßig einem hohen Kostendruck unterworfen, was dann zwangsläufig auch zu einer weitgehenden Wohnflächenoptimierung führt. Eine vergleichsweise radikale Form ist das so genannte Microliving, bei dem Kleinstapartments (ca. 20 m² Wohnfläche) mit Küche, Bad und Schlafzimmer zwar funktional voll ausgestattet, aber flächenmäßig auf ein Minimum reduziert sind. So werden z. B. mehrere Nutzungsbereiche in einem einzigen Raum untergebracht und mit multifunktionalen Einbaumöbeln ausgestattet, um die alltäglichen Bedürfnisse adäquat zu befriedigen. > Kap. Nutzungsbereiche und Zonierung

Gleichzeitig können weniger private Nutzungsanforderungen in Gemeinschaftsbereiche wie Dachgärten, Küchenlounges oder auch Arbeitsräume ausgelagert werden und so ein weiter gefasstes soziales Miteinander und auch Teilhabe ermöglichen.

Wohnraum kann nicht nur als statische Lebensbasis mit entsprechend langfristigen Verbindlichkeiten verstanden werden, sondern auch als austauschbarer Ort, der für eine bestimmte Lebensphase optimiert ist.

Neben altbekannten gemeinschaftlichen Wohnformen wie dem Studenten- bzw. Seniorenwohnheim – und natürlich der klassischen „Studenten-WG" – kommen für diese Lebensabschnitte auch neu definierte, häusliche Zweckgemeinschaften in Frage. Hier gilt es, die erforderlichen Nutzungsbereiche des Wohnens neu zu denken und zu strukturieren: In Generationenwohngemeinschaften werden beispielsweise private mit gemeinschaftlich genutzten Bereichen kombiniert, Ressourcen gebündelt und so die gegenseitige Unterstützung von Menschen mit ähnlichen Interessen ermöglicht.

In Mehrgenerationenhäusern werden darüber hinaus gezielt Menschen in unterschiedlichen Lebensphasen zusammengebracht, um sich idealerweise zu ergänzen. So entstehen – durchaus nicht nur im traditionellen Familienverbund - heterogene Lebensgemeinschaften, in denen ein übergreifendes Miteinander alltägliche Aufgaben besser organisieren und erledigen kann.

> Wohn- und Hausgemeinschaften

○ **Hinweis:** In Mehrgenerationenhäusern können besonders wirksame und bedarfsgerechte Rahmenbedingungen für gesellschaftliche Alltagsaufgaben geschaffen werden: Ein gutes Beispiel dafür ist die dezentrale und abwechselnde Betreuung von Kindern innerhalb der häuslichen Gemeinschaft – nicht zuletzt durch die schon im architektonischen Entwurf vorgedachte Einbindung der älteren Generation.

Schlusswort

„Bauen bedeutet Gestaltung von Lebensvorgängen."

Walter Gropius

Der Wohnungsbau bietet als architektonische Disziplin im Entwurf nahezu unbegrenzte Möglichkeiten. Die Gestaltung elementarer Lebensvorgänge lässt sich mit modernen Techniken und Materialien sowie hohen Ansprüchen an Komfort und Design verbinden. Gerade die Ursprünglichkeit der Grundbedürfnisse, die durch das Schaffen von Wohnraum bedient werden, kann in einer schnelllebigen und digitalisierten Welt dazu anregen, sich auf das Wesentliche zu konzentrieren. Absichten und Methoden im Wohnungsbau sind im Laufe der Geschichte einem Wandel unterworfen, aber der wichtigste Parameter, nämlich der Mensch selbst, verändert sich weniger, als man vielleicht meinen möchte. Immer noch geht es darum, angemessenen und zukunftsfähigen Wohnraum für alle Menschen zu schaffen. Neue Wege und freie Denkansätze haben in diesem Zusammenhang einen ähnlichen Stellenwert wie Rückblicke auf die Geschichte des Wohnens. Zahlreiche Anregungen, Erkenntnisse und erprobte Konzepte können mit frischen Ideen, zeitgemäßen Ausdrucksformen und neuer Technologie kombiniert werden. In Zeiten eines Klimawandels wird auch der Wohnungsbau mit ökologischen und energetischen Maßstäben bewertet. Darüber hinaus werden die Auswirkungen demografischer Veränderungen und die weitreichende Vernetzung aller Lebensbereiche in unserer Gesellschaft immer deutlicher und erfordern weitergedachte Ansätze für das zukünftige Wohnen und Leben. Wir alle sind die Gestalter unserer Umwelt – in der eigenen Wohnung und weit darüber hinaus!

Anhang

NORMEN
Tabelle zu den Planungsgrundlagen

Tab. 2: Relevante ISO-Normen

ISO-Normen	Bezeichnung
ISO/TR 9527	Hochbau; Bedürfnisse von Behinderten in Gebäuden – Leitfaden für den Entwurf

Tab. 3: Relevante DIN-Normen

DIN-Normen	Bezeichnung
DIN 18040-2	Barrierefreies Bauen – Planungsgrundlagen – Teil 2: Wohnungen
DIN 18065	Gebäudetreppen; Begriffe, Messregeln, Hauptmaße
DIN 18101	Türen für den Wohnungsbau
DIN 33402	Ergonomie – Körpermaße des Menschen
DIN 66354	Kücheneinrichtungen – Formen, Planungsgrundsätze
DIN 68935	Koordinationsmaße für Badmöbel, Geräte und Sanitärobjekte
DIN-Taschenbuch 199	Barrierefreies Planen und Bauen

Tab. 4: Relevante Ö-Normen

Ö-Normen	Bezeichnung
OENORM B 1600	Barrierefreies Bauen; Planungsgrundlagen
OENORM B 1601	Barrierefreie Gesundheitseinrichtungen, assistive Wohn- und Arbeitsstätten – Planungsgrundlagen
OENORM A 1610-2	Möbel-Anforderungen; Maße, Stellflächen und Abstände
OENORM B 5371	Treppen, Geländer und Brüstungen in Gebäuden und von Außenanlagen – Grundlagen für die Planung und Ausführung
OENORM EN 1116	Möbel – Küchenmöbel – Koordinationsmaße für Küchenmöbel und Küchengeräte
OENORM H 5411	Sanitäre Einrichtungsgegenstände

Es gibt wenige internationale und nationale Normen, die sich direkt auf den gestalterischen Entwurf von Wohngebäuden beziehen. So finden sich beispielsweise in den schweizer Normen (SN) keine Regelungen solcher Art, und auch andere Nationen normieren relativ wenig in diesem Aufgabenfeld, funktionale und sicherheitsrelevante Grundsätze ausgenommen.

Allerdings ist die Normierung stetigen Änderungen unterworfen und internationale Standards streben mit ISO (International Organization for Standardisation) und EN (Euronorm) eine Vereinheitlichung an.

Solche Normen stellen, wenn überhaupt gegeben, nur einen Teil der notwendigen Planungsgrundlagen dar, die einen Entwurf im Wohnungsbau beeinflussen können. Ähnlich wichtig sind z. B. lokale Bauvorschriften, spezifische Eigenschaften der für die Ausführung geplanten Bauteile und nicht zuletzt die Anforderungen im Sinne des zukünftigen Nutzers.

LITERATUR

Leonardo Benevolo: *Die Geschichte der Stadt,* Campus Verlag,
Frankfurt 2007

Andreas Beyer, Ulrich Schütte (Hrsg.): *Andrea Palladio – Die vier Bücher
zur Architektur,* Birkhäuser Verlag, Basel 2006

Andrea Deplazes (Hrsg.): *Architektur konstruieren,* Birkhäuser Verlag,
Basel 2013

Klaus-Peter Gast: *Wohn Pläne,* Birkhäuser Verlag, Basel 2005

Dirk Hebel, Jörg Stollmann (Hrsg.): *Bad ohne Zimmer,* Birkhäuser Verlag,
Basel 2005

Werner Müller, Gunther Vogel: *dtv-Atlas Baukunst Band 1 und 2,*
Deutscher Taschenbuch Verlag, München 2005

Ernst Neufert: *Bauentwurfslehre,* Springer Vieweg, Wiesbaden 2012

Dietmar Reinborn: *Städtebau im 19. und 20. Jahrhundert,*
Verlag W. Kohlhammer, Suttgart 1996

Friederike Schneider: *Grundrissatlas Wohnungsbau,* Birkhäuser Verlag,
Basel 2011

Klaus-Jürgen Schneider (Hrsg.): *Bautabellen für Architekten,* Werner
Verlag, Neuwied 2006

Camillo Sitte: *Der Städtebau nach seinen künstlerischen Grundsätzen,*
Birkhäuser Verlag, Basel 2002

Klaus Spechtenhauser (Hrsg.): *Die Küche,* Birkhäuser Verlag, Basel
2006

Marcus Vitruvius Pollio: *Die zehn Bücher der Architektur,* Primus Verlag,
Darmstadt 1996

DER AUTOR

Jan Krebs, Dipl.-Ing. Architekt, arbeitet als Architekt und Dozent für
Hochbautechnik in Dortmund. Im Fokus seiner Tätigkeit stehen
effiziente Gebäude für Wohnen und Arbeit.

EBENFALLS IN DIESER REIHE BEI BIRKHÄUSER ERSCHIENEN:

Entwerfen
Basics Entwurfsidee
Bert Bielefeld,
Sebastian El khouli
ISBN 978-3-0346-0675-2

Basics Methoden der
Formfindung
Kari Jormakka
ISBN 978-3-7643-8462-3

Basics Materialität
M. Hegger, H. Drexler,
M. Zeumer
ISBN 978-3-0356-0302-6

Basics Raumgestaltung
Ulrich Exner, Dietrich Pressel
ISBN 978-3-7643-8847-8

Basics Barrierefrei Planen
Isabella Skiba, Rahel Züger
ISBN 978-3-7643-8958-1

Als Kompendium erschienen:
Basics Entwurf
Bert Bielefeld (Hrsg.)
ISBN 978-3-03821-558-5

Darstellungsgrundlagen
Basics CAD
Jan Krebs
ISBN 978-3-7643-8086-1

Basics Freihandzeichnen
Florian Afflerbach
ISBN 978-3-03821-543-1

Basics Modellbau
Alexander Schilling
ISBN 978-3-0346-0677-6

Basics Technisches Zeichnen
Bert Bielefeld, Isabella Skiba
ISBN 978-3-0346-0676-9

Basics Architekturfotografie
Michael Heinrich
ISBN 978-3-03821-522-6

Als Kompendium erschienen:
Basics Architekturdarstellung
Bert Bielefeld (Hrsg.)
ISBN 978-3-03821-528-8

Konstruktion
Basics Dachkonstruktion
Tanja Brotrück
ISBN 978-3-7643-7682-6

Basics Fassadenöffnungen
Roland Krippner,
Florian Musso
ISBN 978-3-7643-8465-4

Basics Holzbau
Ludwig Steiger
ISBN 978-3-0346-1329-3

Basics Mauerwerksbau
Nils Kummer
ISBN 978-3-7643-7643-7

Basics Tragsysteme
Alfred Meistermann
ISBN 978-3-7643-8091-5

Basics Glasbau
Andreas Achilles,
Diane Navratil
ISBN 978-3-7643-8850-8

Berufspraxis
Basics Ausschreibung
T. Brandt, S. Th. Franssen
ISBN 978-3-03821-518-9

Basics Bauleitung
Lars-Phillip Rusch
ISBN 978-3-03821-519-6

Als Kompendium erschienen:
Basics Projekt Management
Architektur
Bert Bielefeld (Hrsg.)
ISBN 978-3-03821-461-8

Städtebau
Basics Stadtbausteine
Th. Bürklin, M. Peterek
ISBN 978-3-7643-8459-3

Bauphysik und Haustechnik
Basics Elektroplanung
Peter Wotschke
ISBN 978-3-0356-0931-8

Basics Lichtplanung
Roman Skowranek
ISBN 978-3-0356-0929-5

Basics Raumkonditionierung
Oliver Klein, Jörg Schlenger
ISBN 978-3-7643-8663-4

Basics Wasserkreislauf
im Gebäude
Doris Haas-Arndt
ISBN 978-3-7643-8853-9

Als Kompendium erschienen:
Basics Gebäudetechnik
Bert Bielefeld (Hrsg.)
ISBN 978-3-0356-0927-1

Landschaftsarchitektur
Basics Entwurfselement Pflanze
Regine Ellen Wöhrle,
Hans-Jörg Wöhrle
ISBN 978-3-7643-8657-3

Basics Entwurfselement Wasser
Axel Lohrer, Cornelia Bott
ISBN 978-3-7643-8660-3

Erhältlich im Buchhandel oder unter
www.birkhauser.com

Reihenherausgeber: Bert Bielefeld
Konzept: Bert Bielefeld, Annette Gref
Layout und Covergestaltung: Andreas Hidber
Satzherstellung und Produktion: Amelie Solbrig

Abbildungen Seite 8, 28, 54: Bert Bielefeld,
alle anderen Abbildungen durch den Autor.

Zitat Seite 71: *Systematische Vorarbeit für
rationellen Wohnungsbau.* In: Zeitschrift
„bauhaus", 1. Jhg. Nr. 2, Dessau 1927.

Papier: Magno Natural, 120 g/m².
Druck: Beltz Grafische Betriebe GmbH,
Bad Langensalza

Library of Congress Control Number:
2021939426

Bibliografische Information der Deutschen
Nationalbibliothek
Die Deutsche Nationalbibliothek verzeichnet
diese Publikation in der Deutschen Nationa-
lbibliografie; detaillierte bibliografische Daten
sind im Internet über http://dnb.dnb.de
abrufbar.
ISBN 978-3-0356-2311-6
e-ISBN (PDF) 978-3-0356-2318-5
e-ISBN (EPUB) 978-3-0356-2320-8
Englisch Print-ISBN 978-3-0356-2312-3

© 2021 Birkhäuser Verlag GmbH, Basel
Postfach 44, 4009 Basel, Schweiz
Ein Unternehmen der Walter de Gruyter GmbH,
Berlin/Boston

9 8 7 6 5 4 3 2

www.birkhauser.com